社会的養護の子どもと措置変更

養育の質とパーマネンシー保障
から考える

伊藤嘉余子

［編著］

明石書店

まえがき——刊行にあたって

　2011（平成23）年7月に取りまとめられた「社会的養護の課題と将来像」では、社会的養護を必要とする子ども（要保護児童）の状況に応じて、社会的養護を担う各施設間において、それぞれの機能を補強しあうような関係を持ちつつ、連続的な支援プロセスを保障できるような支援のあり方が重要であると示されていた。さらに、施設養護に偏重していた、それまでの日本の社会的養護のあり方を見直すべく、要保護児童の委託割合を2029（平成41）年度末までに、本体施設・地域小規模児童養護施設等家庭的養護形態・里親やファミリーホームでそれぞれ3分の1ずつにすることが目標として掲げられた。それに伴い、施設における養育形態の小規模化や里親委託推進を含む「家庭的養護推進計画」の策定・実行が各施設や自治体において進められてきた。

　その6年後の2017（平成29）年8月、上記の「社会的養護の課題と将来像」を全面的に見直す形で「新しい社会的養育のビジョン」が発表された。

　このビジョンは、2016（平成28）年改正児童福祉法の原則を基盤に、主に以下の5つの重点改革項目についてまとめられたものである。

　（1）市区町村を中心とした支援体制の構築
　（2）児童相談所の機能強化と一時保護改革
　（3）代替養育における「家庭と同様の養育環境」原則の徹底
　（4）永続的解決（パーマネンシー保障）の徹底
　（5）代替養育や集中的在宅ケアを受けた子どもの自立支援の徹底

　かつて1ケタであった里親委託率は、2016年度末現在、約17％にまで上昇した。児童養護施設における養育形態の小規模化も進んでおり、かつ

て7割以上あった大舎制の施設は半数以下にまで減少し、地域小規模児童養護施設や小規模グループケア実施施設も着実に増加している。

しかしその一方で、里親家庭から施設に措置変更となる子どもは増加傾向にある。また施設内不適応を理由とした児童自立支援施設への措置変更も増加傾向にある。子どもの権利条約に謳われている「子どもの最善の利益」に配慮した「家庭的な代替的養育」を提供しようと改革が進められる中で、子どもにとって「安定した養育環境での継続性（パーマネンシー）が保障された生活」が保障されづらくなっているのではないだろうか。

日本は今、代替的養育において施設養護ではなく里親養育が主流である国に倣って、社会的養育のあり方を見直そうとしている。しかし、里親養育が主流である国では、子どものたらいまわし（drift）の問題が未解決である。また、里親養育が主流である国では、日本ほど「社会的養護からの家庭復帰率」が高くはない。さらに、アメリカ等では、里親養育は一時保護や短期養育が基本であり、家庭復帰が不可能な場合の「パーマネンシー（永続的解決）保障」として養子縁組が位置づけられている。

日本の社会的養護のありようは、国際的に批判されることが多い。しかし、それらの批判と今目指している方向性は正しいものばかりなのだろうか。日本のこれまでの社会的養護が蓄積してきたノウハウの中にも、今後の社会的養育のあり方を考えるにあたっての有用な示唆は隠れているのではないだろうか。

誤解のないようことわりを入れておくが、現在の「養育形態の小規模化」や「家庭（的）養育の推進」といった方向性について反対の意見を述べたいわけではない。むしろ、以前からそうあるべきだと考えていた。しかし、数値目標の設定や早急な計画立案と実行には、強い懸念と疑問を持っている。

何人の子どもが里親に委託されたか、ファミリーホームが何か所増えたか、といった数値が重要なわけではない。大切なことは、施設や里親に措置された子どもたちが、そこでどのような生活を営み、どう育てられ、養育者とどのような関係を結ぶことができたか、つまり「養育の質」である。施設職員は、そして里親は、果たしてどのような養育がしたいと思ってい

るのか、子どもと共にどのような生活を紡いでいきたいと考えているのか、といった「代替的養育の中身」の議論を丁寧に重ねながら、日本の明日の社会的養育のビジョンを社会全体で描いていくために、今なすべきことは何であろうかと考えている。検討すべき課題は数多くあるが、今回は「養育の永続性（パーマネンシー）保障と措置変更」について本書を通して考究し、広く社会に意見を問い、議論を展開したいと考えた。なぜなら、里親養育が代替的養育の主流である国々で未解決であるdriftの問題について、しっかりと考え、議論する必要があると思ったからである。

　本書『社会的養護の子どもと措置変更』は、編者が2015（平成27）年度に「厚生労働省子ども子育て支援推進調査研究事業」を受託して行った共同研究「措置変更ケースにおける支援内容や配慮事項に関する調査研究事業」の成果である。つまり、本書の内容は、「新しい社会的養育ビジョン」が発表される以前の背景を踏まえたものであることをご承知おきいただきたい。

　この共同研究では、児童養護施設、乳児院、児童心理治療施設、児童自立支援施設、里親、児童相談所等社会的養護の現場で日々子どもや家族と向き合い奮闘する実践者と学識経験者とが協働して、社会的養護における措置変更の現状と問題の所在、今後必要となる改善策について明らかにすべく、調査の実施とその結果の分析・考察を進めた。

　本研究事業の一環として構成した「円滑な措置変更のあり方に関する検討委員会」では、毎回、活発な議論が展開され、重く苦しい雰囲気に包まれることも少なくなかった。激しい意見が行き交うことが多く、時には感情的な衝突もあった。

　なぜ、本研究はこれほどにつらく重苦しい雰囲気の中で進めなければならなかったのか。その原因の1つとして、「措置変更」というテーマは、どの立場の人にとっても、考えたり思い出したりするにあたって、ある種の「痛み」を伴うものだからだと考えられる。

　措置変更で他施設に子どもを送り出したエピソードを思い出す時「あの時もっと自分にはできることがあったのではないか」「養育者としての自

分の力不足で子どもを手放した」といった無力感や不全感に苛まれること
は少なくないという。

　また逆に、措置変更してきた子どもを受け入れた経験のある施設職員や
里親は「もっと早く措置変更してくれたら良かったのに」「大切な情報が
引継ぎされず、養育しづらい」といった不満を持つことも多いとの意見も
出た。両者の間に入り関係調整しながら措置変更の手続きを進める児童相
談所のワーカーのストレスも小さくないと考えられる。いうまでもなく、
措置変更のプロセスで最も傷つき痛みを感じているのは、当事者である子
ども自身である。そしてそのことをどの専門職も明確に理解している。理
解しているからこその迷いや苦悩がある。このあたりの葛藤については本
文の中でもしばしば触れているので、ぜひ一緒に考えていただきたい。

　様々な葛藤や苦悩をわかちあいながら進めた研究活動の成果をこうして
本という形にまとめ、社会に問いかける機会を与えられたことを非常にう
れしく光栄に思う。

　この本が、社会的養護（養育）に関する社会の関心を高めると共に、施
設や里親間で措置変更される子どもにとっての「最善の利益に配慮した養
育プロセス」とは何かを社会的養護関係者間で広く議論し、今後の社会的
養育のありようについて社会全体で展望していくための1つのきっかけに
なれば、幸いである。

　　　2017 年 11 月　　　　　　　　　　　　　　　伊 藤　　嘉 余 子

社会的養護の子どもと措置変更◎目次

まえがき──刊行にあたって 3

第1章　社会的養護における措置変更　　　　　[伊藤嘉余子]

第1節　措置変更とは何か 12
　　1.　運営指針による「措置変更」 13
　　2.　措置変更における「継続性」：それぞれの立場の語りから考える 19
第2節　全国における措置変更の現状 24
　　1.　措置変更を経験する子どもの数 24
　　2.　措置変更のプロセスと児童相談所の役割 24
第3節　措置変更となる子どもたち 29
　　1.　乳児院から他施設等への措置変更 29
　　2.　他施設から児童自立支援施設への措置変更 30
　　3.　児童養護施設で不適応とされる子どもたち 32
小　　括 33

コラム①　児童相談所から見た措置変更（久保　樹里） 36

第2章　データで見る措置変更の実際　　　　[石田賀奈子・野口　啓示]

第1節　アンケート調査の方法 42
第2節　回収率 42
第3節　児童の措置変更先 43
第4節　他施設等へ措置変更される児童の属性 44
　　1.　性　　別 44
　　2.　入所理由 45
　　3.　入所期間 46
　　4.　措置変更時の年齢 46
　　5.　障害の有無 46
　　6.　障害の種類 47
　　7.　被虐待体験の有無 47
　　8.　被虐待体験の種別 49

9. 児童福祉施設への入所歴 49
第5節　措置変更の理由 50
　1. 措置変更の理由 50
　2. 子どもの発達に伴う措置変更と
　　子どもの行動上の困難さによる措置変更 52
第6節　措置変更前の準備やプロセス 53
　1. 措置変更の際に配慮した事柄 53
　2. 措置変更の際に配慮した事柄の比較（施設ごとに集計）.......................55
　3. 措置変更の際に配慮した事柄の比較（「子どもの発達に伴う措置変更」
　　と「子どもの行動上の困難さによる措置変更」に分けて集計）.................55
第7節　小　括 55
　1. 児童の措置変更先 55
　2. 他施設等へ措置変更される児童の属性 56
　3. 措置変更の理由と施設の役割分化 57
　4. 措置変更前の準備やプロセス 58

コラム②　乳児院から送り出す措置変更における配慮事項（六川　徳子）.....60

第3章　施設職員が語る「措置変更」のプロセス　[伊藤嘉余子]

第1節　乳児院から児童養護施設/里親へ送り出す措置変更 65
　1.【措置変更を検討する理由】..67
　2.【措置変更説明時における子どもと家族の反応】............................69
　3.【措置変更準備期間における子どもの反応】................................71
　4.【措置変更準備期間における子どもへのケアと配慮】........................72
　5.【措置変更による「ケアの継続性」の断絶に対する葛藤】....................75
　6.【措置変更と乳児院のストレングス】......................................76
　7. 乳児院からの措置変更の全体像 78
第2節　子どもの行動上の困難さによる措置変更 81
　1.【措置変更を検討することになった子どもの状況】..........................84
　2.【措置変更説明時の子どもの反応】..87
　3.【子どもに対する措置変更の意味づけ】....................................90
　4.【措置変更後の子どもへの「今ここでの支援」】............................93
　5.【措置変更後の「これからに向けた支援」】................................95
　6. 子どもの行動上の問題による措置変更の全体像 98

第3節　必要な治療や指導を終えた後の措置変更......................101
　　1.【措置変更を検討することになった理由と背景】............104
　　2.【措置変更に対する親子の反応】.......................106
　　3.【措置変更準備期間に行う支援】.......................108
　　4.【措置変更直後の支援】..............................112
　　5.【円滑な措置変更プロセスの阻害要因】..................114
　　6. 必要な治療や指導を終えた後の子どもの措置変更プロセスの全体像..117
第4節　母子生活支援施設における子どもの措置変更................120
　　1.【母子分離を検討することになった理由】.................122
　　2.【母子分離の準備段階での母子への支援】.................124
　　3.【母子分離時の工夫と困難】...........................127
　　4.【母子再統合に向けた支援】...........................129
　　5. 母子生活支援施設における子どもの措置変更プロセスの全体像.....133

コラム③　児童自立支援施設に措置変更されてくる
　　　　　子どもたち（千賀　則史）.........................136

第4章　施設から里親に措置変更された子どもの養育

［千賀　則史・福田　公教］

第1節　乳児院・児童養護施設から里親への措置変更...............142
　　1.【里親への措置変更の検討】...........................143
　　2.【措置変更に向けた準備】............................145
　　3.【措置変更後の対応】...............................147
　　4. 乳児院・児童養護施設から里親への措置変更プロセスの全体像.....149
第2節　児童自立支援施設から里親への措置変更...................151
　　事例の概要...151
　　ストーリーライン....................................153
第3節　小　括..156

コラム④　児童自立支援施設から来た少女との生活（梅原　啓次）.........159

第5章 これからの措置変更のあり方をめぐって

［野口　啓示・伊藤嘉余子・千賀　則史］

第1節　措置変更を経験する子どもの生活歴と抱える課題の深刻さ 164
  1.　措置変更を経験する子どもの生活歴 164
  2.　措置変更される児童の養育の難しさ 165
  3.　施設で何ができるのか？ 166
第2節　子どものパーマネンシー保障の観点から見る措置変更 167
  1.　パーマネンシーとは何か 167
  2.　なぜ、施設不適応による措置変更では、乳児院経験者が多いのか ... 168
  3.　措置変更の還流の中でのパーマネンシー保障について考える 168
第3節　措置変更プロセスで「愛着をつなぐ」 171
  1.　乳児院から里親・児童養護施設への措置変更におけるジレンマ 171
  2.　愛着のリレーとアドボカシー 172
第4節　母子生活支援施設と他施設とのネットワーク 173
  1.　母子生活支援施設の措置変更が示すこと 173
  2.　母子生活支援施設の特殊性 174
第5節　施設と里親の連携 175
  1.　「里親不調」という言葉 175
  2.　連続性のある支援の実現に向けて 177
第6節　今後の課題 179

コラム⑤　措置変更に伴う「子どもの傷つき体験」そして
     「職員の持つ倫理上の痛み」（野口　啓示）.................... 181

あとがき 185

巻末資料 187

執筆者一覧 212

第 1 章

社会的養護における措置変更

伊藤嘉余子

第1節　措置変更とは何か

　社会的養護において、乳児院から児童養護施設へ、児童養護施設から里親へ、児童養護施設から児童自立支援施設へ…といった具合に、児童相談所の判断によって、子どもが生活する場所を変更することを「措置変更」という。

　たとえ、子どもの問題行動や施設不適応が契機となって措置変更の検討を開始したとしても、すべての措置変更は「子どもにとってよりよく適応しやすい養育環境への移動」を目指すものである。しかし、家庭からの分離を経験したことのある子どもにとっての施設の変更は、施設入所時に続く「再度の分離体験」「見捨てられ体験」につながるリスクもあり、慎重かつ丁寧にプロセスを進めることが求められる。

　措置変更の決定機関は児童相談所である。児童相談所運営指針では「措置の変更」について以下のように記載されている。

（4）変更

措置の変更とは、その子どもになした措置の重要な部分の更改を意味し、法第27条第1項第2号に基づく措置から同項第3号に基づく措置に改めることのほか、同項第3号に基づく措置であっても異なった種別の施設等への措置、同種の他施設等への措置、入所施設措置から通所施設措置等への変更も含まれる。措置の変更は、子どもにとって精神的負担が大きく、心的外傷体験になる危険性があることから、子どもへの影響に十分配慮しつつ行うことが必要である。特に里親委託の場合には、関係不調を示すこともあるので、措置変更の際には子どもの抱く失望感や里親が抱く喪失感を軽減できるよう、きめ細かな配慮が必要である。

　子どもの年齢超過や行動化等によって、より適切な養育環境を子どもに提供する必要性があるケースは少なくないため、「措置変更」は社会的養護の中でも重要なフェーズでありキーワードだといえると思うが、いわゆ

る「社会的養護」や「子ども家庭福祉論」等のテキストの中で「措置変更」について詳細に取り上げられることはほとんどなく、巻末の「索引」の中にも「措置変更」という用語はほとんど見られない。社会福祉や保育に関する用語辞典にも「措置変更」という用語は取り上げられていないのが現状である。

　そこで本節では、「措置変更」という用語が各場面や通知等の中でどのように用いられているのかを概観し整理していきたいと思う。

1．運営指針による「措置変更」

　まず、各施設の運営指針の中では「措置変更」についてどのように取り上げられているかを概観していく。どの施設種別の運営指針も前半の「第Ⅰ部　総論」と後半の「第Ⅱ部　各論」とで構成されているが、前半の「第Ⅰ部　総論」の中には「措置変更」という用語は登場しない。しかし、「措置変更」という言葉は用いられてはいないが、施設間や施設から里親への措置変更に際して求められる視点やアプローチについては、以下の「継続的支援と連携アプローチ」として記載されている。

> ⑤継続的支援と連携アプローチ
> ・社会的養護は、その始まりからアフターケアまでの継続した支援と、できる限り特定の養育者による一貫性のある養育が望まれる。
> ・児童相談所等の行政機関、各種の施設、里親等の様々な社会的養護の担い手が、それぞれの専門性を発揮しながら、巧みに連携し合って、一人一人の子どもの社会的自立や親子の支援を目指していく社会的養護の連携アプローチが求められる。
> ・社会的養護の担い手は、同時に複数で連携して支援に取り組んだり、支援を引き継いだり、あるいは元の支援主体が後々までかかわりを持つなど、それぞれの機能を有効に補い合い、重層的な連携を強化することによって、支援の一貫性・継続性・連続性というトータルなプロセスを確保していくことが求められる。
> ・社会的養護における養育は、「人とのかかわりをもとにした営み」

である。子どもが歩んできた過去と現在、そして将来をより良くつなぐために、一人一人の子どもに用意される社会的養護の過程は、「つながりのある道すじ」として子ども自身にも理解されるようなものであることが必要である。

1）乳児院運営指針（平成24年3月29日厚生労働省雇用均等・児童家庭局長通知）

　乳児院運営指針の後半「第Ⅱ部　各論」では、「(8) 継続性とアフターケア」の中で、措置変更時に必要な配慮について、以下のように述べられている。

（8）継続性とアフターケア
①措置変更又は受入れに当たり、継続性に配慮した対応を行う。
・子どもの特性を理解するための情報の共有化やケース会議を実施し、切れ目のない養育・支援に努める。
・退所先の地域の関係機関と連携し、退所後の生活が安定するよう努める。
・措置変更等に当たり、引き継ぎを行う施設、里親等と丁寧な連携を行う。そのため日頃より、それぞれの施設や里親の役割を十分に理解し、連絡協議会や合同研修会の開催など相互の連携に努める。
・継続的な支援を行うための育ちの記録を作成する。
・前任の養育者や施設の担当者から後任の者へ適切に引き継ぐ。

　前半の総論では「（措置変更を含む）社会的養護の過程が『つながりのある道すじ』であることが子どもに理解されるようにする必要がある」といった趣旨が明確に示されている。しかし、各論で挙げられた内容を見ると「乳児院職員が、関係機関や措置変更先（施設職員や里親）に対して行うべき実践（連携、引継ぎ、配慮等）」については具体的に示されているものの、子どもに対して具体的にどのような支援を行うべきかについては明らかにされていない。例えば、措置変更の理由をどのように子どもに説明し理解してもらうよう工夫するのか、措置変更後も子どもが乳児院との

第1章 社会的養護における措置変更　15

「つながり」を感じながら生活できるよう「継続的な支援」をどのように展開していくのか、といった記載はされていない。

2) 児童養護施設運営指針（平成24年3月29日厚生労働省雇用均等・児童家庭局長通知）

　児童養護施設運営指針の後半「第Ⅱ部　各論」では、「(12) 継続性とアフターケア」の中で、措置変更時に必要な配慮について、以下のように述べられている。

（12）継続性とアフターケア
①措置変更又は受入れに当たり、継続性に配慮した対応を行う。
・子どもの特性を理解するための情報の共有化やケース会議を実施し、切れ目のない養育・支援に努める。
・措置変更に当たり、引き継ぎを行う施設、里親等と丁寧な連携を行う。そのために日頃より、それぞれの施設や里親の役割を十分に理解し、連絡協議会や合同研修会の開催など相互に連携に努める。
・継続的な支援を行うための育ちの記録を作成する。
・前任の養育者や施設の担当者から後任の者へ適切に引き継ぐ。
・里親、児童自立支援施設などへの措置変更されたケースについて、再び児童養護施設での養育が必要と判断された場合、入所していた施設は再措置に対応する。
・18歳に達する前に施設を退所し自立した子どもについては、まだ高い養護性を有したままであることを踏まえ、必要に応じて再入所の措置に対応する。

　児童養護施設運営指針では、「措置変更した子どもの再措置変更への対応」について明記されている点が、他施設にはない特徴的なものであるといえる。

　さらに、乳児院運営指針にはなかった「アフターケア（退所後支援）」に関する項目もある。

> ④子どもが安定した社会生活を送ることができるよう退所後の支援を
> 積極的に行う。
> ・アフターケアは施設の業務であり、退所後も施設に相談できること
> 　を伝える。
> ・退所者の状況を把握し、退所後の記録を整備する。
> ・必要に応じて、児童相談所、市町村の担当課、地域の関係機関、自
> 　立援助ホームやアフターケア事業を行う団体等と積極的な連携を図
> 　りながら支援を行う。
> ・施設退所者が集まれるような機会を設けたり、退所者グループの活
> 　動を支援し、参加を促す。

　児童養護施設運営指針も乳児院のものと同様に、施設職員が、関係機関
や措置変更先（施設職員や里親）に対して行うべき実践（連携、引継ぎ、配
慮等）については具体的に示されているものの、子どもに対して具体的に
どのような支援を行うべきかについては明らかにされていない。また、措
置変更後の子どもへの支援は「退所後支援（アフターケア）」の一環として
捉える必要があると考えられるが、退所後支援に関する項目では、満年齢
を迎えて退所した者への支援に関する内容が中心となっており、措置変更
後の支援については触れられていない。

3）児童自立支援施設運営指針（平成24年3月29日厚生労働省雇用均等・児童家庭局長通知）

　児童自立支援施設運営指針の後半「第Ⅱ部　各論」では、「(11) 継続性
とアフターケア」の中で、措置変更時に必要な配慮について、以下のよう
に述べられている。

> （11）継続性とアフターケア
> ①措置変更又は受入れを行うに当たり、継続性に配慮した対応を行う。
> ・子どもの特性を理解するための情報の共有化やケース会議を実施し、
> 　切れ目のない養育・支援に努める。

・措置変更に当たり、引き継ぎを行う相手の施設、里親等と丁寧な連携を行う。そのため日頃より、それぞれの施設や里親の役割を十分に理解し、連絡協議会や合同研修会の開催など相互に連携に努める。
・社会人としての生活を目標にする場合は、社会の一員であり、信頼できる人に支えられていることの自覚が持てるように支援する。
・継続的な支援を行うための育ちの記録を作成する。
・前任の養育者や担当者から後任の者へ適切に引き継ぐ。

　児童養護施設運営指針では「児童自立支援施設等に措置変更した子どもの再措置変更」に関する項目があるが、児童自立支援施設には、再措置変更に関する記載はなく両者の内容が対応していない。
　アフターケア（退所後支援）については、以下のように、児童養護施設よりも具体的な内容になっている点が特徴的である。

③子どもが安定した社会生活を送ることができるよう通信、訪問、通所などにより、退所後の支援を行う。
・アフターケアは施設の業務であり、退所後何年たっても施設に相談できることを伝える。
・必要に応じて、児童相談所と協議の上、市町村の担当課と情報共有し、地域の関係機関、団体等と積極的な連携を図る。
・退所した子どもに対して、定期的かつ必要に応じて、手紙、訪問、通所や短期間の宿泊などの支援を行う。
・子どもとともに退所する地域の関係機関と連携し、退所後の生活支援体制の構築に努める。
・施設退所者が集まれるような機会を設け、退所した子どもの来所を温かく受け入れる。

4) 情緒障害児短期治療施設運営指針（平成24年3月29日厚生労働省雇用均等・児童家庭局長通知）
　2017年度より児童心理治療施設と名称変更された情緒障害児短期治療

施設の運営指針の後半「第Ⅱ部　各論」では、「(11) 継続性とアフターケア」の中で、措置変更時に必要な配慮について、以下のように述べられている。

---

(11) 継続性とアフターケア
①子どもの状況に応じて退所後の生活を見据えた見立てを行い支援する。

・退所後の地域での生活を見通して、年齢、発達や治療の状況など個々の状態に応じた社会性の獲得ができるよう、子どもの自主性や主体性を尊重した支援を計画的に行う。

・社会人としての生活を目標にする場合は、社会人としての自覚が持てる様な取り組みを行い、困った時に頼れる人、機関があるという認識が持てるように支援する。

②措置変更又は受入れを行うに当たり、継続性に配慮した対応を行う。

・子どもの特性を理解するための情報の共有化やケース会議を実施し、切れ目のない養育・支援に努める。

・措置変更等に当たり、引き継ぎを行う施設、里親等と丁寧な連携を行う。そのため日頃より、それぞれの施設や里親の役割を十分に理解し、連絡協議会や合同研修会の開催など相互に連携に努める。

・継続的な支援を行うための育ちの記録を作成する。

・前任の養育者や施設の担当者から後任の者へ適切に引き継ぐ。

アフターケア（退所後支援）については、以下のように記載されている。

児童自立支援施設と同様に「何年たっても」という文言を明記することによって、退所後支援には期限がないことを強調している点が、児童養護施設とは異なっている。

---

④子どもが安定した生活を送ることができるよう退所後の支援を行う。

・通所機能や外来機能を利用して、退所後の支援を継続して行う。

・アフターケアは施設の業務であり、退所後何年たっても施設に相談

できることを伝える。

・退所者の状況を把握し、退所後の記録を整備する。

・子どもとともに退所する地域の関係機関と連携し、退所後の生活の支援体制の構築に努める。

・施設退所者が集まれるような機会を設ける。

2. 措置変更における「継続性」：それぞれの立場の語りから考える

それぞれの施設種別によって表現や内容に差異はあるものの、すべての施設種別の運営指針において、養育の「継続性」に配慮する必要性があることが謳われている。では、措置変更における「継続性」はどのように配慮されているのだろうか。

施設職員や措置変更を実際に経験した施設経験者の語りから考えてみたい。なお、ここで紹介する語りは、筆者が以下の調査研究において実施したインタビュー調査及びアンケート調査で得られた語りと自由記述である。それぞれの調査実施時に必要な倫理的配慮を行っている。

(1) 伊藤嘉余子「児童養護施設入所児童が語る施設生活：インタビュー調査からの分析」『社会福祉学』50（4），pp82-95，2010年2月，日本社会福祉学会

(2) 伊藤嘉余子「里親の支援ニーズと支援機関の役割—里親アンケート調査結果からの考察—」『社会福祉学』57（1），pp1-12，2016年5月，日本社会福祉学会

(3) 伊藤嘉余子「児童養護施設におけるアフターケアの課題：退所理由に焦点をあてて」『社会問題研究』(65)，pp17-30，2016年2月，大阪府立大学人間社会学研究科社会福祉学専攻

(4) 伊藤嘉余子他「平成27年度厚生労働省：子ども・子育て支援推進調査研究事業：措置変更ケースにおける支援内容や配慮事項に関する調査研究事業報告書」2016年3月

1）乳児院から児童養護施設／里親への措置変更

［乳児院職員の語り］

> 措置変更される子どもと一緒に児童養護施設に同行するのが本当につらいんです。自分の子どもを置き去りにしてくるような感覚がしていつも悲しくてモヤモヤします。
> 　Aちゃんは児童養護施設につくまでの車の中でずっと泣いていました。施設についた後、同じ年齢の幼児さんのお部屋で、新しい担当職員さんと遊び始めたタイミングで、児童養護施設の職員さんから「このままお帰り下さい」と促されたので、Aちゃんには声をかけずに帰りました。でも、本当にそれで良かったのかなって。施設によっては挨拶させてくれるところもあるのですが…。

> 措置変更後も子どもが乳児院の保育士のこととか話しているっていうので、少しでもつながっていたかったのですが、家族再統合も視野に入れているケースなので、（子どもからの）乳児院の保育士への思いを薄らぐようにしたいのだと。それで交流はして欲しくないといわれて…。そのへんがちょっと残念だなと。

［児童養護施設職員の語り］

> Bちゃんの日常生活での様子が、乳児院からの文書や記録に書かれている内容とはずいぶん違いがあって、施設内でもおかしいなという話になりました。例えば「トイレに行きたい時は自分で伝えることができる」とあるのですが、何もいわずにパンツの中でしてしまうし、食事も「自立」とあるけど、担当職員が食べさせないといけない状態だったり…。

> ならし保育の間ずっと、一緒に来た乳児院の保育士さんの服の裾を摑んで離さないんですよね（略）ああ、乳児院の子を受け入れるって

こういうことなのかなぁって。ちょっと大変じゃないですけど、愛着ある人から引き離すっていうか。

　乳児院の職員さんは、子どもがかわいいからずっと関わり続けたいと措置変更後も交流を希望してくることも多いんですけど、新しく養育を担当する立場からすると、ちょっとそれはやめて欲しいというか…いつまでも乳児院を恋しがって子どもに泣かれてしまっても大変ですし、どこかで気持ちを切り替えて、（児童養護施設での）新しい生活に早く慣れて欲しいという思いがありますね。

　乳児院の職員の語りからは「子どもとの間で形成した愛着、絆、関係性をできるだけ継続したい」という思いがうかがえる一方で、それを児童養護施設や児童相談所等、他の関係機関から阻まれることへの無念さが伝わってくる。

　一方、施設職員の語りからは「児童養護施設での新しい生活への迅速な定着を大切にしたい」という思いがうかがえると共に、愛着対象からの分離体験の影響による子どもの退行の様子が伝わってくる。

　乳児院は、法律上は就学前まで在籍可能であるが、多くの場合は2歳前後で措置変更が行われる。子どもの記憶に残らない、子どもが自分自身で意向や意見を言語で表明することが難しいといったことも影響してか、子どもの意向を尊重した措置変更プロセスを形成しづらい面が多いのではないかと懸念する。乳児院職員によるアドボカシー（子どもの代弁）に寄せる期待は大きいが、措置変更においては「送り出す側」よりも「受け入れて、これからの長い生活を一緒にしていく側」の意向の方が優先されやすいのではないだろうか。「子どもの最善の利益」に配慮した措置変更プロセスについて、送り出す側と受け入れる側とでしっかり意見や思いを共有する時間や機会が必要である。

22

2) 施設から他施設への措置変更
[児童自立支援施設職員の語り]

「ここを出たらどうしたい？」って（子どもに）訊いたら「前にいた児童養護施設に帰りたい」と。でも前にいた施設には帰れないって話をしたら「じゃあ私、家に帰るわ」って。いや、それもない、それも無理なんやっていったら、「じゃあもう（選択肢は）決まってるんやんか」ってすごい怒り出して…。

そもそも措置変更に納得していないんです。一時保護所から前いた児童養護施設に帰れるって思ってたんでね。だから脱走しては前にいた施設に逃げていく。それを迎えに行くの繰り返し。

[児童養護施設職員の語り]

一時保護になって、その後うちの施設には帰れないって最初からいったら暴れたりする心配もあったので、騙し討ちっていったら失礼ですけど…その時すでにもう戻れないのは決まっていたけど、一応「一時保護所でよく考えて反省して相談してきてね」って形で送り出しました。

施設から追い出すような感じにはしたくないっていう思いはありました。すぐに納得はしてもらえないだろうけど、それでも、最終的に本人が「新しい施設で生活するわ」って少しでも前向きな気持ちでいえるような状況を作れるようにと。

[措置変更の経験者の語り]

自分でもよくわからんけど、構って欲しかったのかなぁ。万引きしたり、夜中に出歩いたりした。そしたら○○さん（施設職員）も△△

> さん（施設職員）も必死で探してくれて。それがちょっとうれしかった。（略）でも結局、捨てられたんですよ。見捨てられたんです。そういうことですよね、施設から出されたってことは。

> いまだにどうして自分が児童自立支援施設に行くことになったのか、よくわからないんです。まあ万引きとか無免許運転とか色々悪いことはやっていましたけど…。ある日、いきなり職員から「3日くらい反省してこい」と車に乗せられて一時保護所に連れていかれました。でも、一時保護所の職員は「1か月は帰れない」と。騙された、腹が立ちました。でも仕方がない、親がいないってこういうことなのかなとも思いました。

　措置変更の経験者の語りからは「措置変更の理由が理解/納得できない」「騙されて連れていかれた」という不満や諦めのような思いが伝わってくる。また、送り出す施設職員の語りからは「本当の理由をいわずに一時保護につなぐ」という手段を取らざるを得ない状況と、それでも少しでも納得して新しい生活に移って欲しいという思いがうかがえる。

　このように「どうして自分がこの施設に変更されてきたんだ！」という不満や怒りを抱えた子どもを受け入れる立場にある児童自立支援施設職員の語りからは、措置変更されてきた子どもたちの「前にいた施設に帰りたい」という強い思いがにじみ出ている。

　たとえ「問題行動」といわれる自らの行為が原因となっての措置変更であっても、子どもたちの「養育/ケアの継続性」に配慮したプロセスが必要ではないか。措置変更の理由を説明しなかったり、「すぐに帰れる」等と嘘をついて措置変更へ送り出したりすることは、果たして「子どもの最善の利益」を尊重し優先した配慮や支援だといえるだろうか。

　本書を通して、「子どもの最善の利益」や「養育/ケアの継続性」に配慮した措置変更プロセスとはどうあるべきなのかについて、考察していきたいと考える。

第2節　全国における措置変更の現状

1. 措置変更を経験する子どもの数

　ここでは、厚生労働省が毎年実施している「児童養護施設入所児童等調査結果（平成25年2月1日現在）」から、社会的養護における措置変更の現状について概観していく。

　まず、2013年2月現在、里親家庭に委託されている子どものうち、半数強（約53%）の子どもが措置変更を経験した子どもである。最も多いのは「乳児院から」26.7%、次いで「児童養護施設から」16.3%となっている。

　児童養護施設の子どもの場合、措置変更経験者は約32%であり、その3分の2が「乳児院から」21.9%である。

　児童心理治療施設の子どもの16.5%が「他の児童福祉施設（知的障害児入所施設等）から」の措置変更となっているが、児童養護施設からの措置変更がなぜか調査項目となっていないため、児童養護施設から児童心理治療施設への措置変更がどのくらいの割合なのか、ここからは実態を把握することができない。

　児童自立支援施設の子どものうち、児童養護施設から措置変更された子どもは14.1%である。

　乳児院の子どもで措置変更を経験している子どもはほとんどいないが、それでも2.4%の子どもが他の乳児院から、1%弱の子どもが里親家庭やファミリーホームからの措置変更で入所となっている点は注目すべきである。

　ファミリーホームの子どもについては、57%の子どもが措置変更を経験しており、そのうち20.3%が他の里親家庭からの措置変更である点が特徴的だといえよう。

2. 措置変更のプロセスと児童相談所の役割

　社会的養護における施設入所措置や里親委託とそれらの解除は、児童相談所の判断によって行われる。ここでは、措置変更のプロセスと児童相談所の役割について述べる。

第1章 社会的養護における措置変更 25

表 1-1 委託経路又は入所経路別児童数

	総数	家庭から	乳児院から	児童養護施設から	児童自立支援施設から	他の児童福祉施設から	里親家庭から	家庭裁判所から	ファミリーホームから	単身から	その他から	不詳
里親委託児	4,534 100.0%	2,131 47.0%	1,209 26.7%	741 16.3%	*	68 1.5%	186 4.1%	*	14 0.3%	*	155 3.4%	30 0.7%
養護施設児	29,979 100.0%	20,436 68.2%	6,558 21.9%	875 2.9%	*	886 3.0%	593 2.0%	20 0.1%	22 0.1%	*	421 1.4%	168 0.6%
情緒障害児	1,235 100.0%	939 76.0%	2 0.2%	*	*	204 16.5%	19 1.5%	*	3 0.2%	*	61 4.9%	7 0.6%
自立施設児	1,670 100.0%	1,018 61.0%	*	236 14.1%	*	49 2.9%	26 1.6%	306 18.3%	6 0.4%	*	18 1.1%	11 0.7%
乳児院児	3,147 100.0%	2,396 76.1%	75 2.4%	*	*	*	24 0.8%	*	2 0.1%	*	636 20.2%	14 0.4%
ファミリーホーム児	829 100.0%	356 42.9%	92 11.1%	128 15.4%	*	34 4.1%	168 20.3%	*	3 0.4%	*	46 5.5%	2 0.2%
援助ホーム児	376 100.0%	177 47.1%	*	89 23.7%	25 6.6%	11 2.9%	9 2.4%	*	1 0.3%	24 6.4%	38 10.1%	2 0.5%

出典）厚生労働省「児童養護施設入所児童等調査結果」

注）＊は、調査項目としていない。「家庭裁判所から」は、入所前に生活していた場所に関係なく、保護処分により入所したことをいう。

1）乳児院からの措置変更

　まず、乳児院からの措置変更においては、乳児院に子どもを措置した時から、子どもの年齢（つまり措置変更や解除までの期限）を意識しながら、子どもの担当児童福祉司は支援を行うことになる。家庭引き取りを目指せるケースでは、乳児院と児童相談所とで連携し、なるべく早期の家庭引き取りが可能になるよう、計画的に親子の面会・外出・外泊を進めながら、親子関係の構築を図っていく。

　法律上は就学前までの在籍が可能な乳児院であるが、実際には2歳到達前に、乳児院の次の養育の場を検討し始める。保護者の状況等を鑑みて、家庭引き取りが不可能又は困難だと判断された場合、児童養護施設や里親への措置変更に向けた準備を進めることになる。

　特に、子どもが社会的養護の下で生活する期間が長期化する可能性が高い場合は、特別養子縁組や長期養育が可能な里親家庭への委託を積極的に検討することになる。しかし、保護者の意向や施設や里親の状況によっては、必ずしも児童相談所の思惑どおりには進まないことも少なくない。全国児童相談所長会の調査によると、里親委託が進まない最大の理由は「実親・親権者が里親養育を望まない／同意しない」78.4％である（表1-2）。子どもにとって永続的な養育が必要であるとアセスメントしても、児童相談所が「子どもにとっての最善」と判断した社会的養護のメニューを子どもに提供できないことが多いといえる。

　措置変更先の選定や保護者の同意の獲得にはそれなりに苦労があるが、乳児院から児童養護施設や里親への措置変更プロセスの強みは、前もって計画的に準備を進めることができる点であるといえる。

　乳児院退所後の養育の場が決定したら、児童相談所が児童養護施設や里親家庭と乳児院の間に入り調整等を行いながら、いわゆる「子どものならし保育／交流[1]」が行われる。この際に、児童相談所の児童福祉司から保護者に対して、措置変更の理由や新しい施設での生活等について丁寧に説明すると共に、新しい養育先の施設職員や里親と保護者とをうまくつなぎながら、措置変更がスムーズに進むよう配慮していく。

第1章　社会的養護における措置変更　　27

表1-2　里親委託が進まない理由

実親・親権者が里親養育を望まない（同意しないを含む）	78.4%
里親の要望と子どものニーズが一致しない	41.6%
里親委託の方が望ましいと考えつつも、養育経験が少ない里親希望者が多く、児童相談所の職員が消極的になる	38.4%
養子縁組を望んでいる里親登録者が多い	30.5%
里親委託の方が望ましいと考えつつも、委託後のサポートが十分にできない現状により、児童相談所の職員が消極的になる	26.3%
里親への支援体制が不十分である	22.6%
市民に社会的養育に参加することへの負担や困難を予想する思いが強い	21.6%
市民に子どもの社会的な養育に参加しようという意識、関心が乏しい	18.4%
市民に血縁関係のないものを家庭に迎え入れることへの抵抗感がある	7.4%
里親へ支払われる委託費が不十分である	2.1%
児童相談所の職員が、施設入所のほうが望ましいと考えているから	2.1%

出典）全国児童相談所長会「児童相談所における里親委託及び遺棄児童に関する調査」報告書

2）子どもの行動上の困難さによる措置変更

　子どもの行動上の困難さによる措置変更では、先述した乳児院からの措置変更とは異なり、措置変更の準備期間を十分にとることができないという特徴がある。

　まず、子どもの暴言や暴力、性加害等、施設における不適応行動が発生すると、施設から児童相談所の担当児童福祉司に相談・連絡が入る。相談を受けた児童福祉司は、施設職員からの状況聴き取りと子ども本人からの聴き取りを行う。あわせて、児童心理司による面接や心理検査等を実施し、子どもの行動上の困難さの背景にあるものを明らかにすると共に、必要な改善策や対応方法について施設職員や子どもと一緒に考えていくことになる。さらに、子どもが通う学校や必要に応じて家族・保護者にも話を聴き、子どもの言動がどのような場面や対人環境によって変化するのかを探る。

　こうした調査の前、もしくは調査中に子どもを一時保護所で保護することも少なくない。一時保護所では、子どもの行動観察を行うと共に、子ども自身と「今なぜここにいるのか」「今何が起こっているのか」を話し合っていく。一時保護期間に施設職員に子どもの面会に来てもらうことも多いが、施設によっては面会に来ない場合もある。しかし、子どもの行動

上の困難さによる措置変更は、子どもにとって「家から追い出される」に
等しいダメージがあることを児童相談所と施設とで強く認識しながら慎重
かつ丁寧に措置変更プロセスを進めていく必要がある。

　児童相談所としては、一時保護期間を経て元の施設に戻れる可能性を模
索するが、最終的にそれが不可能だと判断された場合、別の施設への措置
変更のための手続きに進む。この段階で、子どもに「元の施設には戻れな
い」と説明を行うことになるが、この決定を子どもが受け入れることは容
易ではない。

　また、子どもの行動上の困難さによる措置変更先として検討されること
が多い児童自立支援施設や児童心理治療施設への入所調整には時間がかか
ることが多いため、一時保護期間は長期化する傾向が強い。この長い一時
保護期間を使って、児童福祉司や児童心理司は、子どもの見捨てられ体験
や傷つき体験、措置変更に納得できない気持ちに粘り強く寄り添い、子ど
もの「措置変更の理由へのしぶしぶながらの納得」や「最低限の同意」を
形成するプロセスを支援する。

　措置変更先の施設が決定した後は、変更先施設と児童相談所とで協議を
重ね、新しい施設での生活に向けた準備を進めていく。

　以上を踏まえると、措置変更プロセスにおける児童相談所の役割は以下
の6点に集約できる。

1）子どもに関する情報収集とそのための関係者／関係機関／本人等へ
　　の聴き取り
2）子どもや家族の状況、施設の状況のアセスメント
3）子ども・施設・里親・家族・関係機関等の相反する意向や意見の
　　調整
4）活用できる社会資源や関係機関のコーディネート
5）措置変更前から変更後までの一貫した継続的な支援
6）子どもや保護者への説明責任と同意形成

第3節　措置変更となる子どもたち

本節では、過去の先行調査研究の結果から、措置変更を経験する子どもたちの傾向や実態等について概観していく。

1. 乳児院から他施設等への措置変更

措置変更に関する先行研究の数は少ないが、その多くが「乳児院から児童養護施設への措置変更」をテーマにしたものである。

乳児院の子どもの半分以上（約59％）が、親や親族等によるいわゆる「家庭引き取り」によって退所する（全国乳児福祉協議会）。児童養護施設や障害児施設に措置変更となる子どもは約31％、里親委託や養子縁組となる子どもは約10％である（図1-1）。

つまり、乳児院から児童養護施設へ措置変更となる子どもは、何らかの理由で家庭復帰ができなかったり、里親や養親とのマッチングがかなわなかったりした子どもであり、乳児院の入所児童の中では少数派であるといえる。

乳児院から児童養護施設に措置変更される子どもは、まず家庭から離れ

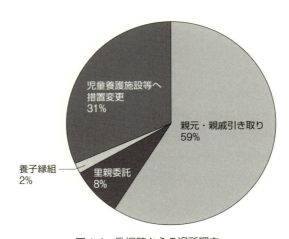

図1-1　乳児院からの退所理由
出典）全国乳児福祉協議会 http://www.nyujiin.gr.jp/ をもとに伊藤作成

て乳児院に入所する際に「1回目の依存関係の切断」を経験し、その後、乳児院から児童養護施設へと「2回目の依存関係の切断」を経験する。

星野ら（1998）は、乳児院から児童養護施設への措置変更について「意図的に子どもから養育者と養育場所を『法』に基づき剥奪している。これを『法』による虐待行為という見方は言い過ぎになるだろうか」と問題提起している。

乳児院から児童養護施設への措置変更による「2回目の依存関係の切断」は避けることができるものであり、避けるべきものではないだろうか。児童福祉法や施設運営指針の中で謳われている「一貫性、継続性ある支援」を実現するために、乳児院のあり方や、措置変更のあり方について議論・検討を進める必要があると考える。

2. 他施設から児童自立支援施設への措置変更

児童養護施設－児童自立支援施設間の措置変更に関する先行調査は新しいものばかりである。このことから、近年になって、施設不適応等による措置変更ケースが増え、調査研究の必要性が高まってきていると理解できる。表1-3 は、児童自立支援施設の入所児童の入所経路の変遷を示したものである。家庭から入所する子どもの比率が年々減少している一方で、児童養護施設から措置変更で入所してくる子どもが増加していることがわかる。

遠藤（2015）は全国の児童自立支援施設を対象に、児童養護施設から措置変更された子ども全件に関するアンケート調査を実施した。その結果、措置変更理由を概観すると「犯罪（触法）行為」が 15.7％であるのに対して、「施設不適応」が 60.9％であった。さらに、措置変更で児童自立支援施設にやってきた子どもの 46.1％が、就学前から児童養護施設等に入所した子どもであることを踏まえ、児童養護施設における養育の質の見直しと、「援助の連続性」を念頭に置いた施設間連携の必要性を遠藤（2015）は指摘している。

また、児童自立支援施設職員である宮川（2014）は、自身が勤務する施設の入所児童の約半数が児童養護施設からの措置変更児童である現状を鑑

第1章　社会的養護における措置変更　　31

表 1-3　児童自立支援施設入所児童の入所経路の変遷

		総数		家庭	養護施設	他の児童福祉施設	里親家庭（FH含む）	家庭裁判所	その他
1997年度 （平成9年度）	人数	1,920		1,407	173	32	9	227	25
	構成比	100.0%		73.3	9.0	1.7	0.5	11.8	1.3
2002年度 （平成14年度）	人数	1.657		1,082	218	48	12	282	14
	構成比	100.0%		65.3	13.2	2.9	0.7	17.0	0.8
2007年度 （平成19年度）	人数	1,995		1,267	267	58	23	347	0
	構成比	100.0%		63.5	13.4	2.9	1.2	17.4	0
2013年度 （平成25年度）	人数	1,670		1,018	236	49	32	306	29
	構成比	100.0%		61.0	14.1	2.9	1.9	18.3	1.7

出典）厚生労働省「児童養護施設入所児童等調査結果」をもとに伊藤作成

み、児童自立支援施設での課題達成後に、前籍の児童養護施設に再措置変更できる取り組みの必要性を指摘している。

　近年、児童養護施設における不適応と、そうした問題による児童自立支援施設への措置変更が増加している背景について、大久保・山本（2013）は「本来、情緒障害児短期治療施設に措置されるべき子どもが児童養護施設に入所する傾向が強まっている」ことが関連していると指摘している。さらに八木ほか（2011）も「児童養護施設において発生している子どもの問題状況は情緒障害児短期治療施設に匹敵する」と述べ、施設不適応による児童自立支援施設への措置変更の増加の原因の1つとして、施設間ボーダーレス化があることを指摘している。

　また、冨田（2007）は、1997年の児童福祉法改正によって児童自立支援施設の対象児童に「家庭環境その他の環境上の理由により生活指導等を要する児童」という規定が追加されたことによって、児童自立支援施設において発達障害児や「処遇困難」な子どもが増えたのは明らかであると指摘している。

　厚生労働省による「児童養護施設入所児童等調査結果」を見ても、2003（平成15）年度から2013（平成25）年度の10年間で、児童自立支援施設の入所児童に占める障害のある子どもの比率が年々増加していることがわかる（図1-2）。

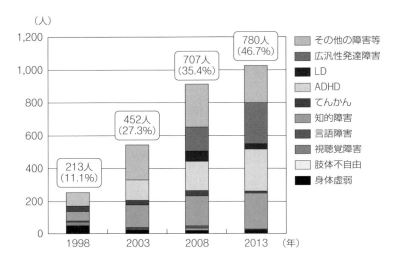

図1-2 児童自立支援施設における障害のある子ども数の変遷
出典）厚生労働省「児童養護施設入所児童等調査結果」をもとに伊藤作成
※1：1998年は「ADHD」「LD」「広汎性発達障害」の統計区分なし
※2：2003年は「LD」「広汎性発達障害」の統計区分なし

3. 児童養護施設で不適応とされる子どもたち

　近年の児童養護施設入所児童に占める被虐待児童の比率の増大や、本来、児童心理治療施設に入所することが適切と考えられる子どもの入所の増加によって、児童養護施設において不適応状態となり、児童自立支援施設等への措置変更となるケースが増えているという。

　大久保・山本（2014）が全国の児童相談所を対象として実施した調査によると、2013（平成25）年4月1日から同年11月30日までの8か月の間に、児童養護施設での問題行動によって一時保護に至り、さらに一時保護を解除された事例の行き先と方針については、「元の児童養護施設に戻る」が53.9％と最も多いが、次いで「児童自立支援施設に措置変更」が21.0％となっている（表1-4）。

第 1 章　社会的養護における措置変更　　33

表 1-4　児童養護施設入所中の問題行動により一時保護された事例で、
2013 年 4 月 1 日から 2013 年 11 月 30 日までの 8 か月間に
一時保護を解除された事例の一時保護解除時の行き先と方針

（措置解除時の行き先・方針）	人数	％
元の児童養護施設に戻る	260	53.9
別の児童養護施設に措置変更	20	4.1
児童自立支援施設に措置変更	101	21.0
情緒障害児短期治療施設に措置変更	9	1.9
知的障害児施設に措置変更	10	2.1
自立援助ホームに措置変更	10	2.1
里親に措置変更	11	2.3
18 歳未満で就労自立	4	0.8
18 歳未満で家庭・親族引き取り	40	8.3
家庭裁判所送致	7	1.5
18 歳で就労自立	0	0
18 歳で家庭・親族引き取り	2	0.4
単身生活保護設定	0	0
福祉事務所送致	0	0
措置解除で入院	1	0.2
施設在籍で入院（その後の措置解除含む）	6	1.2
無断外出・行方不明により閉止	1	0.2
保護者転出によりケース移管	0	0
合計	482	100.0

出典）大久保牧子・山本恒雄（2014）「問題行動により児童養護施設で不適応を起こした児童の支援」『日本子ども家庭総合研究所紀要』（50），pp5-6.を参照して伊藤作成

小　括

　本章で述べてきたとおり、社会的養護の下で生活する子どもにとって、措置変更は、それまで慣れ親しんだ養育者、友人、環境、地域等との分離であり、傷つき体験や見捨てられ体験として子どもの心に刻まれる可能性が高い。それにもかかわらず、措置変更を必要とする子どもの実態や、措置変更をどう進めるべきか、必要になる視点や配慮すべき内容等に関する先行調査や研究等はほとんどない状況である。

　様々な形で施設や里親間での措置変更が行われているにもかかわらず、厚生労働省のデータからも先行研究からも、措置変更の実態を明確に把握

することは不可能な現状だといえる。

　こうした問題意識をもとに、筆者たちは、平成27年度厚生労働省子ども・子育て支援推進調査研究事業「措置変更ケースにおける支援内容や配慮事項に関する調査研究事業」の一環として、日本で初となるすべての社会的養護関連施設を対象とした実態調査を実施した。さらに、自立援助ホームを除く社会的養護施設職員と里親を対象として、措置変更プロセスに関するインタビュー調査を実施し、措置変更プロセスでそれぞれが配慮している内容、苦慮している内容等について分析を行った。

　次章以降は、実施した調査結果をもとに、日本における措置変更の現状と課題について検討していきたい。

　まず第2章では、「データで見る措置変更の実際」として、自立援助ホームを除くすべての社会的養護施設を対象に実施した実態調査結果から、措置変更となる子どもの抱える背景や措置変更の際に施設職員が実際に行っている支援や配慮、苦慮している内容等について明らかにしている。

　第3章では、施設職員を対象に実施したインタビュー調査結果に基づき、措置変更のパターンを「乳児院から施設や里親へ送り出す措置変更」「施設不適応等を理由とした児童自立支援施設や児童心理治療施設への措置変更」「児童自立支援施設や児童心理治療施設での治療や指導を終えた子どもの措置変更」「母子生活支援施設における母子分離や母子再統合による措置変更」の4つに分類し分析した結果を示している。

　第4章では、施設から里親に措置変更された子どもの養育経験のある里親を対象としたインタビュー調査結果から、施設から措置変更されてくる子どもの養育において里親が配慮／苦慮している内容について考察している。

　最後の第5章では、本書全体の内容を踏まえた上で、「措置変更」のあり方について考究するにあたりポイントとなる5点の内容「措置変更となる子どもの生育歴」「子どものパーマネンシー保障」「愛着（アタッチメント）」「母子生活支援施設と他施設間のネットワーク」「施設と里親の連携」についてそれぞれ論述している。

　措置変更というテーマは、非常に調査や研究が進めにくいものであった。

なぜなら、送り出す施設、受け入れる施設、措置変更を決定する児童相談所、措置変更となる子ども、あらゆる立場の人にとって、ある種の「痛み」を伴うフェーズであり決定だからである。しかしだからこそ、調査し、その内容や実態を明らかにする必要があると考えた。

　今回の調査にも限界や欠点があり、措置変更のあらゆる側面や内容を詳らかにできたとは言い難いが、それでも、今後、「措置変更」というテーマについて広く議論を展開していくための1つのきっかけ、足がかりにこの1冊がなることができれば幸いである。

●註
1) ここでいう「ならし保育/交流」の「ならし」は、漢字ではなくひらがなで表記する。これは、単に子どもに新しい施設に慣れてもらう「慣らし」ではなく、子どものために、新しい生活の場となる施設や職員との関係を「均し（ならし）」（土をならす、たがやすといったニュアンスに似ている）に行く、という趣旨で乳児院職員を中心に用いられている用語だからである。

●参考文献
星野政明・古賀孝・稲垣利久（1998）「乳児院から『措置変更』される子どもたち」『一宮女子短期大学研究報告』(37)，pp335-343.

遠藤洋二（2015）「児童養護施設から児童自立支援施設へ措置変更となった児童に関する実態調査～児童自立支援施設に対する全国調査の中間報告」『非行問題』(221)，pp117-133.

冨田あすみ（2007）「児童自立支援施設における現状と課題：多様化する児童の処遇を中心に」『弘前学院大学大学院社会福祉学研究科：社会福祉学研究』(2)，pp59-62.

大久保牧子・山本恒雄（2014）「問題行動により児童養護施設で不適応を起こした児童の支援」『日本子ども家庭総合研究所紀要』(50)，pp1-17.

八木修司ほか（2011）「児童養護施設と情緒障害児短期治療施設における児童虐待の有無と問題行動についての比較研究」『関西福祉大学社会福祉学部研究紀要』14 (2)，pp141-147.

コラム**❶**

児童相談所から見た
措置変更

久保　樹里

Ⅰ．措置変更における児童相談所の役割

　施設や里親への入所・委託や解除等の措置は児童相談所の重要な機能である。今回の施設や里親を対象とした措置変更に関する調査結果からは、児童相談所に対する期待や要望が多く見られた。ここでは、「乳児院からの措置変更」と「子どもの行動上の困難さによる措置変更」を取り上げて、児童相談所が行う措置変更のプロセスと課題について記す。

　まず、「乳児院からの措置変更」である。乳児院で生活するのは概ね2、3歳までであるため、児童福祉司はその期限を頭に置いて支援を行うことになる。家庭引き取りを目指せる場合は、里親・乳児院と共に親子関係を密にするよう保護者には定期的な面会・外出・家への外泊を促す。引き取り後の保育所入所等社会資源を案内し、申し込みを行うように働きかける。2歳到達前には次の養育の場を決定する必要があるが、保護者の意向が固まらないケースや、引き取り希望はあるものの現実問題として子どもと暮らせるのか不安な場合等は、乳児院と共に保護者とのやりとりに時間を費やす。子どもにとって家庭が安全な場所でないと判断した場合は保護者の意向と違う結論を出さざるを得ないこともある。結果的に家庭引き取りが困難な場合、児童養護施設や里親に措置を変更する手続きを進める。特に長期間にわたる可能性が強い場合は、家庭的な養育を第一に考えて里親や小規模の施設を考えるが、空き状況や保護者の意向により思うように進まないことも多い。里親委託を勧める際、保護者は「里親」という言葉の響きに子どもを取られてしまうと感じ、説明をしてもなかなか了解を得られないこともあった。措置変更先が決まると、乳児院と今後の生活場所となる児童養護施設・里親間で、子どものならし交流が行われる。子どもにとって生活の場とアタッチメント対象であった乳児院の担当職員と別れることのストレスはいかほどのものか。措置変更の当日、同行してきた乳児院の担当職員と子どもとの別れの場面にはいつもつらさを感じた。近年は

ならし保育を長期間行うようになっており、子どもの負担を少しではあるが軽減することにつながっていると思う。そして、保護者にとっても移行がスムーズに進むように児童福祉司は次の施設や里親と保護者をつなげていく役割を持つ。

　次に、施設における「子どもの行動上の困難さ」とは、子どもの暴言・暴力等施設における不適応行動である。施設から児童相談所に相談が入ると、児童福祉司は施設職員から状況を聴き取り、子ども本人にも話を聞く。あわせて児童心理司による面接や心理検査を実施し、原因や対応方法について施設職員と一緒に考えていく。同時に保護者や学校等にも話を聞き、子どもの言動は場面や人によって変化しているのかを確認する。施設職員と共に子どもについてのアセスメントを深めていく中で、子どもへの理解が進み、子どもが落ち着くこともあるが、行動化が進んでいる場合には、一定期間、一時保護所に生活の場を変えて、行動観察をしたり、暴言や暴力のきっかけ探しを子どもとしたりすることもある。施設の職員の面会時に児童福祉司や児童心理司が話し合いの中に入って調整を行うこともある。このような支援を行っても、施設側が子どもを養育できないということもある。この場合の措置変更は、子どもにとって家から出されるのに等しいことであり、児童相談所は措置変更を回避することに努めるが、それでも無理な場合は、適切な措置変更先を検討する段階に入る。たいていは児童自立支援施設や児童心理治療施設に措置変更を進めることになる。子どもには、元の施設に戻れないことを説明するが、子どもがこの決定を受け入れることは容易ではない。次の施設が決まるのにも時間がかかることが多いため、一時保護期間が長期化することも多い。この間、児童福祉司や児童心理司は子どもの傷つきに寄り添い、しぶしぶながらも受け入れるプロセスを支援する。これまで生活していた施設の職員から子どもに説明をしてもらうこともある。そして、次の施設が決まると、その施設との協議を重ね、子どもとその施設職員との面会や見学等新しい生活に向けての準備を進めていくのである。

　この2つの措置変更のプロセスから、児童相談所は措置変更にあたり、

以下のような役割を果たしていると考える。

①子どもや家族との面接や施設や里親、関係機関からの聴き取りにより
　子どもの情報を集める。
②子どもや家族の状況・家庭環境、施設の状況等をアセスメントする。
③子ども、施設、里親、家族、関係機関の相反する思いや意見を聞き、
　調整する。
④必要な場合は活用できる社会資源や機関をコーディネートする。
⑤子どもや保護者へ説明を行い、理解を得る。

　児童相談所は、子どもの措置機関として関わりを継続していく役割を持
つ。しかし、上記の役割を果たすために必要な人・時間・社会資源のどれ
もが十分ではなく、思うように支援を進められないことが多い。特に児童
虐待件数の増加は、措置中の子どもたちに関わったり、施設や里親と連携
したりするための時間を取れない状況を招いた。また児童福祉司の異動は
頻繁であり、その結果として、施設・里親と児童相談所の間、子どもとの
間に顔の見える関係が薄まってきていることに危惧を感じる。

２．措置変更における役割と工夫
　筆者が児童相談所勤務時代に行っていた措置変更に関係する取り組みを
紹介する。
　１つ目は「応援会議」である。行動上の問題で措置変更が検討されてい
る場合、子ども、施設職員、児童福祉司・児童心理司・一時保護所職員等
の児童相談所職員、時には保護者や学校の教諭にも入ってもらい、「○○
くん（さん）の応援会議」を開催する。会議の前に子どもとは十分に打ち
合わせを行い、話したいことや伝えたいことを整理して臨むようにする。
会議では、ホワイトボードに参加者それぞれの発言を書き込み、整理して
いく。子どもの良い点を出しながら、現在の困った行動についても率直に
話す。子どもの思いも参加者に伝えていく。参加者がオープンに話し合う

ことで共通理解が進み、措置変更が回避されたことや、変更となっても子どもが納得して、次の施設にスムーズに引き継げたこともあった。

2つ目は「ライフストーリーワーク」である。社会的養護の元で生活する子どもたちは自分の入所理由や家族の情報を知らないことも多い。児童福祉司等が子どもと共に生い立ちをたどり、家族のことや入所理由等を少しずつ理解していくことをライフストーリーワークといい、英国では法律でライフストーリーワークを実施することが定められている。子どもが自らの情報を知るプロセスに施設の担当職員が同席することで、ワークの後に子どもの気持ちが落ち着かなくなったとしても、その職員が状況を理解しているため、フォローが可能であり、その職員と子どもの関係もより深まる効果も期待できる。子どもの情報や写真、日々のエピソード、資料等子どもの生い立ちに関するものは、ライフストーリーワークの素材として非常に重要であり、日常からそれを意識し、措置変更の際、次の施設や里親にこれらを引き継ぐことが、子どもたちの人生を分断することを防ぐのである。

3．終わりに

筆者の児童相談所での勤務経験を振り返ると、社会的養護のもとで成長する子どもに対し、「できる限り特定の養育者による一貫性のある養育」を目指したいと思いつつも現実はなかなかそうはいかず、措置変更に関する支援はジレンマを感じるものが多かった。特に行動上の問題による措置変更はできるものなら避けたいものであった。藤林（2016）は、「暴力の発生や連鎖を予防できるかどうかは、子ども一人ひとりが施設職員から守られている感覚を感じているかどうか、個々の子どもと職員の関係性の質に依る」と述べる。生育歴の中で不健全なアタッチメントを身に着けた子どもたちは屈折した形で要求を大人に投げてくる。児童相談所や施設の職員・里親等社会的養護に携わる大人がアタッチメントのメカニズムを知ることは、子どもたちが出す本心ではない言動の真の意味を理解することにつながり、子どもと大人の信頼関係を構築し、子どもの行動上の困難さに

よる措置変更を防止する一歩となると考える。

●参考文献

数井みゆき編（2012）『アタッチメントの実践と応用』誠信書房

北川恵・安藤智子・岩本沙耶佳（2013）「安心感の輪子育てプログラム（マニュアル）」

才村眞理・大阪ライフストーリー研究会（2016）『今から学ぼう！ライフストーリーワーク 施設や里親宅で暮らす子どもたちと行う実践マニュアル』福村出版

藤林武史（2016）「虐待被害からの回復を促す社会的養護環境とは」『児童青年精神医学とその近接領域』57（5），pp54-63

第 2 章

データで見る措置変更の実際

石田賀奈子

野口　啓示

42

　第2章では、措置変更ケースにおける支援内容や配慮児童に関する調査研究事業の一環として行った社会的養護を担う全児童福祉施設（自立援助ホームを除く）を対象とした全国アンケート調査の結果から得られたデータをもとに、措置変更の実際を解説する。

第1節　アンケート調査の方法

　郵送法によるアンケート調査を実施した。全国にある乳児院132か所、児童養護施設586か所、児童自立支援施設58か所、児童心理治療施設40か所、母子生活支援施設214か所の合計1,030施設に措置変更により他施設等へ退所したケースについての個別の状況を尋ねるアンケート用紙を配布した。なお、このアンケート用紙は1ケースごとに答えるものとなっており、1施設につき10部ずつ配布した。なお、10以上のケースがあった施設で、こちらに問い合わせがあった施設については、足りない分を追加送付した。また、足りない分をコピーして返送していただいた施設もあった。

　アンケート用紙は2015（平成27）年12月24日に郵送した。なお、調査対象は2014年度に措置変更となった全ケースとした。2016（平成28）年2月10日までに返送いただいた分を分析対象とした。

第2節　回収率

　568施設から回答を得た。回収率は55.1％であった。施設ごとの回収数は表2-1のとおりである。個別のケースを尋ねるアンケート用紙で回収できた1,195のうち、施設種別が無回答であった14ケースを除く1,181ケースを分析の対象とした。

　なお、施設種別の内訳は図2-1の円グラフのとおりである。乳児院の割合が高くなった。乳児院は年齢の幅が狭く、成長に伴う年齢の超過による退所が制度上生じるからだと考えられる。

表2-1 回収率

施設種別	回収数	回収率	個別のケースを尋ねるアンケート用紙回収数
乳児院	88	66.7%	606
児童養護施設	274	46.8%	300
児童自立支援施設	40	69.0%	114
児童心理治療施設	27	67.5%	79
母子生活支援施設	113	52.8%	68
無回答	26	-	14

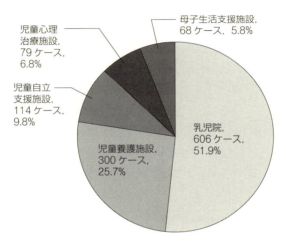

図2-1 施設種別

第3節 児童の措置変更先

　乳児院からの措置変更では、児童養護施設への措置変更が最も多いのと同時に、里親への措置変更も多く、措置変更の約25%が里親へ措置変更されていた。里親委託が推進されていることが示された。
　児童養護施設からの措置変更では、児童自立支援施設への措置変更が数として一番多かった。このことから児童養護施設からの措置変更では、児童の起こす行動上の問題のために施設で抱えきれずに措置変更されるケースが多いことが示唆された。
　その逆に児童自立支援施設・児童心理治療施設からの措置変更では、児

表 2-2　児童の措置変更先

	児童養護施設	児童自立支援施設	児童心理治療施設	里親	母子生活支援施設	ファミリーホーム	その他
乳児院 (n＝587)	387 (65.9%)	1 (0.2%)	1 (0.2%)	152 (25.9%)	1 (0.2%)	11 (1.9%)	34 (5.8%)
児童養護施設 (n＝290)	57 (19.7%)	64 (22.1%)	38 (13.1%)	51 (17.6%)	4 (1.4%)	25 (8.6%)	51 (17.6%)
児童自立支援施設 (n＝109)	61 (56.0%)	10 (9.2%)	3 (2.8%)	16 (14.7%)		6 (5.5%)	13 (11.9%)
児童心理治療施設 (n＝79)	46 (58.2%)	6 (7.6%)	9 (11.4%)	4 (5.1%)		3 (3.8%)	11 (13.9%)
母子生活支援施設 (n＝67)	20 (29.9%)	1 (1.5%)	1 (1.5%)	2 (3.0%)	32 (47.8%)	1 (1.5%)	10 (14.9%)

童養護施設の割合が高かった。また、児童自立支援施設から里親宅へ一定数が措置変更されていることも見逃すことができない（表2-2）。

第4節　他施設等へ措置変更される児童の属性

1. 性　別

　性別を見ると、女児に比べ、男児の割合が高くなっていた（図2-2）。

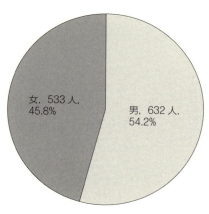

図2-2　性別

2. 入所理由

　入所理由を見ると、乳児院・児童養護施設では、「母の精神疾患」「放任・怠惰」「虐待関連」が多かった。児童自立支援施設・児童心理治療施設では、これらの理由を上回り「監護困難」が多くなった。母子生活支援施設の「その他」は「DV加害者から逃れるため」であった（表2-3）。

表2-3　入所理由（複数回答）

	施設種別				
	乳児院 （n = 606）	児童養護施設 （n = 300）	児童自立支援施設 （n = 114）	児童心理治療施設 （n = 79）	母子生活支援施設 （n = 68）
1.　父の死亡		3　（1.0%）	1　（0.9%）	1　（1.3%）	
2.　母の死亡	3　（0.5%）	8　（2.7%）	2　（1.8%）	2　（2.5%）	1　（1.5%）
3.　父の行方不明	9　（1.5%）	8　（2.7%）	3　（2.6%）		
4.　母の行方不明	30　（5.0%）	25　（8.3%）	3　（2.6%）		1　（1.5%）
5.　父母の離婚	64　（10.6%）	31　（10.3%）	6　（5.3%）	7　（8.9%）	4　（5.9%）
6.　両親の未婚	107　（17.7%）	11　（3.7%）	2　（1.8%）	2　（2.5%）	2　（2.9%）
7.　父母の不和	35　（5.8%）	18　（6.0%）	3　（2.6%）		9　（13.2%）
8.　父の拘禁	20　（3.3%）	6　（2.0%）	2　（1.8%）		
9.　母の拘禁	30　（5.0%）	12　（4.0%）	2　（1.8%）		
10.　父の入院	4　（0.7%）	1　（0.3%）			
11.　母の入院	17　（2.8%）	12　（4.0%）		5　（6.3%）	7　（10.3%）
12.　家族の疾病の付き添い	2　（0.3%）				
13.　次子出産	4　（0.7%）	2　（0.7%）			
14.　父の就労	22　（3.6%）	9　（3.0%）	1　（0.9%）		
15.　母の就労	33　（5.4%）	5　（1.7%）	1　（0.9%）		
16.　父の精神疾患	25　（4.1%）	11　（3.7%）	1　（0.9%）	1　（1.3%）	
17.　母の精神疾患	153　（25.2%）	75　（25.0%）	14　（12.3%）	11　（13.9%）	18　（26.5%）
18.　父の放任や怠惰	38　（6.3%）	23　（7.7%）	14　（12.3%）	5　（6.3%）	1　（1.5%）
19.　母の放任や怠惰	148　（24.4%）	79　（26.3%）	31　（27.2%）	28　（35.4%）	18　（26.5%）
20.　父の虐待や酷使	31　（5.1%）	42　（14.0%）	18　（15.8%）	14　（17.7%）	17　（25.0%）
21.　母の虐待や酷使	54　（8.9%）	49　（16.3%）	19　（16.7%）	23　（29.1%）	6　（8.8%）
22.　棄児	9　（1.5%）	5　（1.7%）			
23.　経済的理由	163　（26.9%）	43　（14.3%）	16　（14.0%）	4　（5.1%）	9　（13.2%）
24.　児童の問題による監護困難	5　（0.8%）	37　（12.3%）	56　（49.1%）	34　（43.0%）	2　（2.9%）
25.　その他	121　（20.0%）	57　（19.0%）	25　（21.9%）	8　（10.1%）	27　（39.7%）

表 2-4　入所期間

施設種別	入所期間			
	最大値	中央値	最小値	平均
乳児院 （n＝593）	9年3か月	2年	0年	2年
児童養護施設 （n＝291）	15年6か月	3年	0年	4年5か月
児童自立支援施設 （n＝112）	5年7か月	1年5か月	1か月	1年7か月
児童心理治療施設 （n＝79）	8年8か月	2年5か月	1か月	2年9か月
母子生活支援施設 （n＝67）	12年5か月	7か月	0年	1年3か月

表 2-5　措置変更時の年齢

施設種別	入所期間			
	最大値	中央値	最小値	平均
乳児院 （n＝596）	9歳8か月	2歳7か月	0歳	2歳6か月
児童養護施設 （n＝291）	19歳9か月	12歳2か月	1歳8か月	10歳9か月
児童自立支援施設 （n＝112）	17歳6か月	15歳	8歳	14歳5か月
児童心理治療施設 （n＝79）	19歳	13歳8か月	7歳1か月	13歳4か月
母子生活支援施設 （n＝68）	17歳9か月	5歳5か月	2か月	6歳8か月

3.　入所期間

　入所期間については表2-4のとおりである。受け入れの年齢の幅が大きい児童養護施設において、入所期間が長くなっていた。児童養護施設以外の施設はそれぞれの役割は異なり、受け入れの年齢層にも違いはあるが、すべて概ね2年の平均入所期間であった。

4.　措置変更時の年齢

　児童養護施設に比べ、児童自立支援施設・児童心理治療施設は年齢が高くなる。これは、これらの施設からの措置変更の多くが高校への進学や治療終結等のケースであり、そのために年齢が押し上げられていると考えられる（表2-5）。

5.　障害の有無

　児童養護施設・児童自立支援施設・児童心理治療施設において5割を超

第 2 章　データで見る措置変更の実際　　47

表 2-6　障害の有無

施設種別	障害の有無		平成 25 年度児童養護施設等入所児童調査の結果*
	有	無	有
乳児院（n = 585）	141（24.1%）	444（75.9%）	28.2%
児童養護施設（n = 292）	153（52.4%）	139（47.6%）	28.5%
児童自立支援施設（n = 113）	59（52.2%）	54（47.8%）	46.7%
児童心理治療施設（n = 76）	52（68.4%）	24（31.6%）	72.9%
母子生活支援施設（n = 65）	15（23.1%）	50（76.9%）	17.6%

*厚生労働省調べ（2013 年 2 月）

えている。また、2013（平成 25）年度の全国の社会的養護施設を対象とした調査結果と比較した場合、児童養護施設・児童自立支援施設においてはその差が大きい。措置変更になる児童は障害を持つ率も高く、その分、養育が難しくなってしまうことから、結果的に措置変更になっていることが示唆される（表 2-6）。

6. 障害の種類

　次にどのような障害を持っているのかを見てみる。乳児院や児童養護施設では様々な障害を持つ児童がいることが示された。すべての施設にも当てはまるのだが、「知的障害」「ADHD」「広汎性発達障害」を持つ児童が多く、児童自立支援施設では「ADHD」の率が高く、児童心理治療施設では「広汎性発達障害」の率が高かった。母子生活支援施設でも「ADHD」の児童が多く見られた。育児に困難さを持つ母親が多くいることがうかがわれる結果であった（表 2-7）。

7. 被虐待体験の有無

　被虐待体験については、乳児院でも 4 割を超え、児童養護施設では 7 割近く、他の施設においては 8 割を超える。また、障害と同様に、2013（平成 25）年度の全国の社会的養護施設を対象とした調査結果の数値と比較すると、被虐待体験の率は高くなっており、その差も歴然である。措置変更になる児童の養育の難しさを示す結果である（表 2-8）。

表 2-7　障害の種類（複数回答）

	施設種別				
	乳児院 （n＝141）	児童養護施設 （n＝153）	児童自立支援 施設 （n＝59）	児童心理治療 施設 （n＝52）	母子生活支援 施設 （n＝15）
1．身体虚弱	21 （14.9%）	1 （0.7%）			2 （13.3%）
2．肢体不自由	17 （12.1%）				
3．視聴覚障害	12 （8.5%）			1 （1.9%）	
4．言語障害	18 （12.8%）	5 （3.3%）			
5．知的障害	69 （48.9%）	88 （57.5%）	22 （37.3%）	14 （26.9%）	6 （40.0%）
6．てんかん	12 （8.5%）	8 （5.2%）	1 （1.7%）		1 （6.7%）
7．ADHD	10 （7.1%）	43 （28.1%）	25 （42.4%）	18 （34.6%）	7 （46.7%）
8．LD		7 （4.6%）	1 （1.7%）	4 （7.7%）	
9．広汎性発達障害	32 （22.7%）	46 （30.1%）	20 （33.9%）	28 （53.8%）	4 （26.7%）
10．その他の障害	25 （17.7%）	17 （11.1%）	4 （6.8%）	4 （7.7%）	2 （13.3%）

表 2-8　被虐待体験の有無

施設種別	障害の有無		平成25年度児童養護施設 等入所児童調査の結果＊
	有	無	有
乳児院 （n＝588）	254 （43.2%）	334 （56.8%）	35.5%
児童養護施設 （n＝288）	201 （69.8%）	87 （30.2%）	59.5%
児童自立支援施設 （n＝111）	93 （83.8%）	18 （16.2%）	58.5%
児童心理治療施設 （n＝78）	69 （88.5%）	9 （11.5%）	71.2%
母子生活支援施設 （n＝64）	56 （87.5%）	8 （12.5%）	50.1%

＊厚生労働省調べ（2013年2月）

表 2-9　被虐待体験の種別（複数回答）

	施設種別				
	乳児院 （n＝254）	児童養護施設 （n＝201）	児童自立支援 施設 （n＝93）	児童心理治療 施設 （n＝69）	母子生活支援 施設 （n＝56）
1．身体的虐待	59 （23.2%）	107 （53.2%）	51 （54.8%）	40 （58.0%）	17 （30.4%）
2．心理的虐待	39 （15.4%）	65 （32.3%）	44 （47.3%）	24 （34.8%）	40 （71.4%）
3．性的虐待	1 （0.4%）	17 （8.5%）	10 （10.8%）	11 （15.9%）	5 （8.9%）
4．ネグレクト	192 （75.6%）	114 （56.7%）	50 （53.8%）	45 （65.2%）	24 （42.9%）

8. 被虐待体験の種別

全体的にネグレクトの割合が高いのが特徴である。これは、措置変更になる児童だけでなく、社会的養護で暮らす児童の特徴である。しかし、母子生活支援施設では、心理的虐待が多くなる。これは母親にDV被害者が多いことが原因と考えられる（表2-9）。

9. 児童福祉施設への入所歴

各施設種別ごとの児童福祉施設への入所歴を見てみると、児童自立支援施設から措置変更で退所していく児童の37.7％が児童養護施設への入所歴があり、再び児童養護施設へ措置変更されていく姿が浮かび上がった。児童心理治療施設では、13.9％と数は落ちるがそのようなケースが少なくないことが示された。また、乳児院への入所歴があると答えた児童養護施設が29％、そして児童自立支援施設が13.1％あった。措置変更になる児童の多くが根無し草のように施設を移っていってしまっているということはよく指摘されるのだが、そのような傾向があることがデータから明らかとなった。

また、乳児院でも、6ケース（0.9％）であるが、里親宅から措置変更となり、再び措置変更となっていた。数が多いとはいえないが、早い段階か

表 2-10　児童福祉施設への入所歴

	施設種別				
	乳児院 (n = 606)	児童養護 施設 (n = 300)	児童自立支援 施設 (n = 114)	児童心理治療 施設 (n = 79)	母子生活支援 施設 (n = 68)
1.　乳児院への入所あり	28　(4.6%)	87　(29.0%)	15　(13.1%)	5　(6.3%)	1　(1.5%)
2.　児童養護施設への入所あり	1　(0.1%)	29　(9.6%)	43　(37.7%)	11　(13.9%)	1　(1.5%)
3.　児童自立支援施設への入所あり		8　(2.6%)	4　(3.5%)		
4.　児童心理治療施設への入所あり		2　(0.6%)	8　(7.0%)	3　(3.8%)	
5.　里親委託あり	6　(0.9%)	4　(1.3%)	4　(3.5%)		
6.　母子生活支援施設への入所あり	3 (0.4%)	9　(3.0%)		1　(1.2%)	

らの里親不調のケースが一定数あることが示された（表2-10）。

第5節　措置変更の理由

1. 措置変更の理由

　措置変更の理由として代表的な17の項目を取り上げ、その理由を探った。結果は表2-11のとおりである。今回の調査では、これら17項目を2つのカテゴリーに分けて整理を行った。その2つのカテゴリーとは「子どもの発達に伴う措置変更」そしてもう1つが「子どもの行動上の困難さによる措置変更」である。具体的な項目としては、「子どもの発達に伴う措置変更」は「1. 養子縁組のため」「2. 家庭的な養育環境が必要と考えられたため」「3. 年齢超過のため」「4. 治療が終結したため」「5. 進学のため」といった5項目で構成される。また、「18. その他」を除く、それ以外の項目が「子どもの行動上の困難さによる措置変更」となる。

　これらのカテゴリーから今回の調査結果を見ると、乳児院では、「子どもの発達に伴う措置変更」が607、「子どもの行動上の困難さによる措置変更」が42となり、具体的には「年齢超過のため」の措置変更が一番多かった。ちなみに、「子どもの行動上の困難さによる措置変更」に該当する具体的な項目は「障害」に関連する項目である。

　児童養護施設では、「子どもの発達に伴う措置変更」が109、「子どもの行動上の困難さによる措置変更」が332となった。「家庭的な養育環境を求める」等里親への措置変更も見られるが、多くは子ども自身の行動上の問題であった。「職員や子ども間の暴力」「性的な逸脱」といった事件・事故につながるケースも多く見られた。

　児童自立支援施設では、「子どもの発達に伴う措置変更」が109、「子どもの行動上の困難さによる措置変更」が48となり、当該施設で果たす課題の到達後の次の生活に向けての措置変更が多かった。多くは児童養護施設そして里親への措置変更であった。

　児童心理治療施設では、「子どもの発達に伴う措置変更」が82、「子どもの行動上の困難さによる措置変更」が20となり、児童自立支援施設と

表 2-11　措置変更の理由（複数回答）

	施設種別				
	乳児院 （n = 606）	児童養護施設 （n = 300）	児童自立支援施設 （n = 114）	児童心理治療施設 （n = 79）	母子生活支援施設 （n = 68）
1. 養子縁組のため	84　（13.9%）	14　（4.7%）			1　（1.5%）
2. 家庭的な養育環境が必要と考えられたため	117　（19.3%）	62　（20.7%）	40　（35.1%）	12　（15.2%）	9　（13.2%）
3. 年齢超過のため	401　（66.2%）	18　（6.0%）	11　（9.6%）	14　（17.7%）	
4. 治療が終結したため	4　（0.7%）	2　（0.7%）	15　（13.2%）	48　（60.8%）	
5. 進学のため	1　（0.2%）	13　（4.3%）	43　（37.7%）	8　（10.1%）	1　（1.5%）
6. 職員への暴力		42　（14.0%）	7　（6.1%）	4　（5.1%）	
7. 児童間の暴力		50　（16.7%）	12　（10.5%）	5　（6.3%）	
8. 性的な逸脱行動	1　（0.2%）	46　（15.3%）	4　（3.5%）	2　（2.5%）	
9. 不登校	1　（0.2%）	20　（6.7%）	2　（1.8%）		2　（2.9%）
10. 精神疾患	2　（0.3%）	15　（5.0%）			3　（4.4%）
11. 知的障害	17　（2.8%）	45　（15.0%）	8　（7.0%）	3　（3.8%）	6　（8.8%）
12. 身体障害	9　（1.5%）				
13. 発達障害	12　（2.0%）	40　（13.3%）	5　（4.4%）	3　（3.8%）	5　（7.4%）
14. 深夜徘徊		20　（6.7%）	1　（0.9%）	1　（1.3%）	1　（1.5%）
15. 無断外泊		18　（6.0%）	3　（2.6%）		1　（1.5%）
16. 万引き等の問題行動		31　（10.3%）	5　（4.4%）	2　（2.5%）	1　（1.5%）
17. 少年法での対応のため		5　（1.7%）	1　（0.9%）		1　（1.5%）
18. その他	111　（18.3%）	77　（25.7%）	19　（16.7%）	14　（17.7%）	52　（76.5%）

同様に、当該施設で果たす課題の到達後の次の生活に向けての措置変更が多かった。多くは児童養護施設への措置変更であった。

　母子生活支援施設では、「子どもの発達に伴う措置変更」が11、「子どもの行動上の困難さによる措置変更」が21となった。しかし、母子の生活が両方のケースで母子が分離せざるを得ない状態になることを考えると、他の施設の場合とは事情が異なる。また、「様々な障害」が理由として挙がっていることに加えて、「深夜徘徊」「無断外出」等、母が子どもを監護できないという問題が起きているケースも見られる。母子生活支援施設では、「その他」が多くなっているが、その多くが、DV加害者から身を守るための県外の施設への措置変更であった。

表 2-12　施設元での比較

措置変更理由	乳児院 (n = 483)	児童養護施設 (n = 205)	児童自立支援 施設 (n = 78)	児童心理治療 施設 (n = 59)	母子生活支援 施設 (n = 7)
子どもの発達に伴う措置変更	468　(96.9%)	80　(39.0%)	64　(82.1%)	51　(86.4%)	3　(42.9%)
子どもの行動上の困難さによる措置変更	15　(3.1%)	125　(61.0%)	14　(17.9%)	8　(13.6%)	4　(57.1%)

2. 子どもの発達に伴う措置変更と子どもの行動上の困難さによる措置変更

1) 施設元での比較

　乳児院の 96.9％、児童自立支援施設の 82.1％、児童心理治療施設の 86.4％が「子どもの発達に伴う措置変更」であった。また、児童養護施設では、61.0％、そして母子生活支援施設の 57.1％が「子どもの行動上の困難さによる措置変更」であった。児童養護施設が乳児院・児童自立支援施設・児童心理治療施設から「子どもの発達に伴う措置変更」先として児童を受け入れているのと同時に、児童養護施設からは児童自立支援施設・児童心理治療施設へと措置変更をしている現状が明らかとなった。もともと在籍していた施設に帰ることができているのかどうかまではわからないが、大きな視野で見ると、児童養護施設と児童自立支援施設・児童心理治療施設はお互いのバックアップ施設としての関係性を持つことが示された（表2-12）。

2) 施設先での比較

　児童養護施設、里親そしてファミリーホームにおいて、「子どもの発達に伴う措置変更」がほとんどになる。逆に、児童自立支援施設・児童心理治療施設では、「子どもの行動上の困難さによる措置変更」が多い。施設元の傾向とは逆の関係を示している結果となっており、施設元の結果と合わせると、児童養護施設と児童自立支援施設・児童心理治療施設とがお互いのバックアップ施設の役割を果たしていることがより明確となる（表2-13）。

表 2-13　施設先での比較

措置変更理由	児童養護施設 (n = 421)	児童自立支援施設 (n = 61)	児童心理治療施設 (n = 30)	里親 (n = 200)	母子生活支援施設 (n = 2)	ファミリーホーム (n = 32)	その他 (n = 69)
子どもの発達に伴う措置変更	409 (97.1%)	4 (6.6%)	6 (20.0%)	194 (97.0%)	0 (0.0%)	25 (78.1%)	23 (33.3%)
子どもの行動上の困難さによる措置変更	12 (2.9%)	57 (93.4%)	24 (80.0%)	6 (3.0%)	2 (100%)	7 (21.9%)	46 (66.7%)

第6節　措置変更前の準備やプロセス

1.　措置変更の際に配慮した事柄

　児童養護施設・児童自立支援施設・児童心理治療施設における措置変更において、実際に配慮した事柄の上位項目は、「子どもの自尊心を傷つけないような伝え方を工夫する」「子どもの同意を得る」「子どもの意見を聴取する」といった子どもの権利に配慮する項目であった。

　乳児院では、「子どものアルバムを整理する」「措置変更先に子どもについての情報提供を行う」「措置変更前に子どもが措置変更先での宿泊を伴わない生活体験の機会をつくる」といった職員間の引継ぎを重視する事柄が上位に挙がった。

　また、母子生活支援施設においては、「保護者の意見を聴取する」「保護者に対して、子どもの最善の利益について理解を得る」といった保護者に配慮した事柄が上位に挙がった。

　宿泊体験等が実施されていたり、宿泊を伴わない見学等はそれなりの頻度で実施されていた。また、保護者に配慮する事柄も高い割合で実施されている等、多岐にわたって措置変更に際して丁寧な取り組みがなされていることが示された。児童相談所とのケースカンファレンスは実施の頻度も高いが、必須というわけではないようだ。そのためか、乳児院においての実施率は低かった。その他、共通して高い割合で実施されていた項目としては、「子どもの発達状況を考える」が挙げられた（表2-14）。

表 2-14 措置変更の際に配慮した事柄（*は施設ごとの上位5項目）

	施設種別				
	乳児院 (n＝606)	児童養護施設 (n＝300)	児童自立支援施設 (n＝114)	児童心理治療施設 (n＝79)	母子生活支援施設 (n＝68)
A. 子どもに同意を得る	106 (17.5%)	*246 (82.0%)	*110 (96.5%)	*76 (96.2%)	35 (51.5%)
B. 子どもの意見を聴取する	79 (13.0%)	*244 (81.3%)	*111 (97.4%)	*74 (93.7%)	29 (42.6%)
C. 子どもの自尊心を傷つけないような伝え方を工夫する	325 (53.6%)	*270 (90.0%)	*112 (98.2%)	*68 (86.1%)	*45 (66.2%)
D. 子どものきょうだい関係に配慮する	207 (34.2%)	163 (54.3%)	66 (57.9%)	36 (45.6%)	27 (39.7%)
E. 他児の意見を聴取する	12 (2.0%)	58 (19.3%)	9 (7.9%)	7 (8.9%)	10 (14.7%)
F. 他児に措置変更について説明する	218 (36.0%)	200 (66.7%)	23 (20.2%)	36 (45.6%)	8 (11.8%)
G. 措置変更前に措置変更先の担当者が子どもに面会にくる	321 (53.0%)	88 (29.3%)	57 (50.0%)	23 (29.1%)	6 (8.8%)
H. 措置変更前に子どもが措置変更先を見学する機会をつくる	342 (56.4%)	131 (43.7%)	55 (48.2%)	44 (55.7%)	7 (10.3%)
I. 措置変更前に子どもが措置変更先での宿泊を伴わない生活体験の機会をつくる	*363 (59.9%)	69 (23.0%)	22 (19.3%)	18 (22.8%)	4 (5.9%)
J. 措置変更先での宿泊体験をする機会をつくる	115 (19.0%)	63 (21.0%)	32 (28.1%)	15 (19.0%)	2 (2.9%)
K. 一時保護所を利用する	4 (0.7%)	115 (38.3%)	23 (20.2%)	18 (22.8%)	25 (36.8%)
L. 一時保護中にケースカンファレンスを実施する	11 (1.8%)	86 (28.7%)	23 (20.2%)	7 (8.9%)	17 (25.0%)
M. 措置変更前に、措置変更先の担当者とのケースカンファレンスを実施する	277 (45.7%)	151 (50.3%)	76 (66.7%)	41 (51.9%)	16 (23.5%)
N. 措置変更先に子どもについての情報提供を行う	*543 (89.6%)	*238 (79.3%)	*98 (86.0%)	*75 (94.9%)	*48 (70.6%)
O. 保護者の理解を得るために面接を実施する	194 (32.0%)	159 (53.0%)	66 (57.9%)	42 (53.2%)	*39 (57.4%)
P. 保護者の意見を聴取する	242 (39.9%)	197 (65.7%)	81 (71.1%)	48 (60.8%)	*51 (75.0%)
Q. 保護者に対して、子どもの最善の利益について理解を得る	258 (42.6%)	207 (69.0%)	81 (71.1%)	56 (70.9%)	*49 (72.1%)
R. 保護者が物理的にアクセスしやすい場所への措置変更をする	291 (48.0%)	85 (28.3%)	45 (39.5%)	40 (50.6%)	25 (36.8%)
S. 措置変更前に保護者が措置変更先を見学する機会をつくる	169 (27.9%)	63 (21.0%)	38 (33.3%)	17 (21.5%)	11 (16.2%)
T. 児童相談所を交えてのケースカンファレンスを実施する	239 (39.4%)	204 (68.0%)	*88 (77.2%)	55 (69.6%)	29 (42.6%)
U. 子どもが通う学校や幼稚園を交えてのケースカンファレンスを実施する	11 (1.8%)	109 (36.3%)	42 (36.8%)	19 (24.1%)	10 (14.7%)
V. 措置変更を行った後も子どもの支援について措置変更先と連携する	*356 (58.7%)	184 (61.3%)	79 (69.3%)	53 (67.1%)	26 (38.2%)
W. 子どものアルバムを整理する	*580 (95.7%)	221 (73.7%)	30 (26.3%)	53 (67.1%)	10 (14.7%)
X. 子どものライフストーリーをまとめる	307 (50.7%)	106 (35.3%)	24 (21.1%)	26 (32.9%)	7 (10.3%)
Y. 子どもの発達状況を考える	*531 (87.6%)	*233 (77.7%)	67 (58.8%)	*65 (82.3%)	*39 (57.4%)

第2章　データで見る措置変更の実際　　55

表 2-15　措置変更の際に配慮した事柄の比較（施設ごとに集計）

項目	平均値	最小値	最大値	中央値	標準偏差
乳児院	4.66	1	6	5	1.04
児童養護施設	4.04	1	6	4	1.26
児童自立支援施設	4.27	1	6	4	1.10
児童心理治療施設	4.41	2	6	5	1.00
母子生活支援施設	3.54	1	6	4	1.42

表 2-16　措置変更の際に配慮した事柄の比較（「子どもの発達に伴う措置変更」と「子どもの行動上の困難さによる措置変更」に分けて集計）

項目	平均値	最小値	最大値	中央値	標準偏差
子どもの発達に伴う措置変更	4.63	1	6	5	1.01
子どもの行動上の困難さによる措置変更	3.91	1	6	4	1.29

2. 措置変更の際に配慮した事柄の比較（施設ごとに集計）

　措置変更の前に必要な準備がどの程度できたかについて尋ねた結果を施設ごとに比較したのが表 2-15 である。「1. まったくできなかった」から「6. とてもできた」の 6 段階で評価してもらった。やや乳児院が高い数値を示した。また、母子生活支援施設が低い値を示した。

3. 措置変更の際に配慮した事柄の比較（「子どもの発達に伴う措置変更」と「子どもの行動上の困難さによる措置変更」に分けて集計）

　「子どもの発達に伴う措置変更」と「子どもの行動上の困難さによる措置変更」に分けて集計した。「子どもの発達に伴う措置変更」の方が必要な準備ができたと評価されていた。「子どもの発達に伴う措置変更」は計画性を持って実施できるためと考えられる（表 2-16）。

第7節　小　括

1. 児童の措置変更先

　措置変更で退所していく児童の割合で一番多かったのが、乳児院からの

措置変更であった。これは乳児院が制度上就学前まで、現実的には2歳までを対象としており、家庭復帰ができない児童はすべて何らかの措置変更を経験せざるを得ないからである。しかし、乳児院と比べると割合は下がるものの措置変更はすべての施設種別で行われていることが明らかになった。また、乳児院からの措置変更で見逃せないのは、里親への措置変更が25％を占めることである。里親委託が推進されていることが示された。

児童養護施設からの措置変更では、児童自立支援施設への措置変更が数として一番多かった。いっぽう、児童自立支援施設・児童心理治療施設からの措置変更では、児童養護施設の割合が高くなっていた。このように、児童養護施設からは児童自立支援施設・児童心理治療施設へ、そして児童自立支援施設・児童心理治療施設からは児童養護施設へとお互いの措置変更先としてバックアップしあっている状況が示された。

2. 他施設等へ措置変更される児童の属性

措置変更される児童の属性において特筆すべきは、障害と被虐待体験を持つ児童の割合の高さである。

障害の有無を見てみると、障害を持つ児童の割合は、児童養護施設・児童自立支援施設・児童心理治療施設において5割を超えている。また、2013（平成25）年度の全国の社会的養護施設を対象とした調査結果と比較した場合、児童養護施設・自立支援施設においては、措置変更になる児童の障害を持つ割合は非常に高かった。障害の有無は児童の養育に大きな影響を与える。つまりは、養育が難しくなる可能性が高いのである。

また、被虐待体験の有無についても、被虐待体験を持つ児童の割合は総じて高くなった。そして、障害と同様に、前掲の2013年度の調査と比べると、被虐待体験の率は高く、その差も歴然であった。措置変更になる児童の養育の難しさを示す結果であった。

これら障害そして被虐待体験を持つ児童の割合の高さは措置変更になる児童の養育の困難さを引出し、この養育の困難さから結果的に措置変更につながっていることが示唆された。

3. 措置変更の理由と施設の役割分化

　今回の調査では、分析にあたって措置変更の発生する背景に「子どもの発達に伴う措置変更」の必要性がある場合と、「子どもの行動上の困難さに伴う措置変更」の必要性が生じる場合があるとの視点で措置変更の全体像を分析した。

　その結果、退所のケースでは、乳児院・児童自立支援施設・児童心理治療施設は「子どもの発達に伴う措置変更」が多く、児童養護施設では、年齢の高い児童の「子どもの行動上の困難さ」に伴う措置変更が多いことが明らかとなった。児童養護施設での「子どもの行動上の困難さに伴う措置変更」では、その多くが児童自立支援施設・児童心理治療施設へと退所していた。また、児童自立支援施設・児童心理治療施設から児童養護施設へは「治療の終結」「進学」といった「子どもの発達に伴う措置変更」の理由で退所していた。

　こうしたことからわかるのは、児童自立支援施設・児童心理治療施設は児童養護施設のバックアップ機能を果たしているということであり、児童養護施設もこれらの施設から「治療」を終結した児童の受け入れを行うことでバックアップしているということである。18歳までの間に子どもたちに生じる行動上の困難に対して、施設ごとの特性を活かして相互に補完

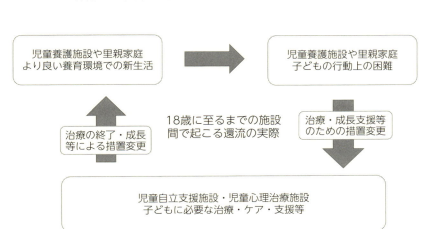

図2-3　措置変更サイクル

しあい児童を還流させながら支援している現状が示された（図2-3）。

4. 措置変更前の準備やプロセス

　ここでは、措置変更の際に配慮した事柄について尋ねた質問から得られたデータをもとに考察する。措置変更の際に配慮した事柄は、職員間の引継ぎを重視する群、措置変更にあたって子どもの同意を得ることを重視する群、保護者の意向を重視する群に分類できた。

　乳児院では、「子どものアルバムを整理する」「措置変更先に子どもについての情報提供を行う」「措置変更前に子どもが措置変更先での宿泊を伴わない生活体験の機会をつくる」といった職員間の引継ぎを重視する事柄が上位に挙がった。未就学・未就園の児童の措置変更ということもあり、措置変更先の施設との丁寧な連携が重視されていると思われる。

　児童の同意を得ることを重視する群では、措置変更における配慮事項として「児童の同意を得る」と回答したのは、児童自立支援施設の96.5%、児童心理治療施設の96.2%、児童養護施設の82.0%、母子生活支援施設の51.5%であった。説明し理解を得ることが可能な年齢の児童が措置変更になる際には、児童からの同意を得る努力がなされていることがうかがわれた。

　保護者の意向を重視する群が多く見られるのは母子生活支援施設であった。実質、母子生活支援施設から他の施設種別への措置変更は親子分離になるためか、「保護者の意見を聴取する」「保護者に対して、子どもの最善の利益について理解を得る」といった保護者に配慮した事柄が上位に挙がった。

　以上のように、子どもの措置変更にあたって重視される支援内容も施設ごとに差があることが明確となった。

　最後に、年齢が高い児童の措置変更においては、児童の同意を重視するという回答が高かったのであるが、児童に十分な選択肢が提供された上での説明や同意ではない可能性があることから、児童本人の十分な同意が得られたかどうかまでは本調査では明らかにできていない。児童への十分な説明と同意が行われているかについては今後の研究の重要な検討課題であ

ると共に、現在どのような配慮が実際に行われているのかについて、その
プロセスそして内容の吟味が急がれるところである。

コラム❷

乳児院から送り出す
措置変更における配慮事項

六川　徳子

　乳児院ガーデンエルで生活する子どもの多くは家庭に帰っていく。しかし、2歳を過ぎて、家庭引き取りが難しい子どもは、里親や児童養護施設へ措置変更をすることになる。2010（平成22）年に設立されてから、措置変更で送り出した子どもは45人になる。初めは同敷地内にある児童養護施設ガーデンロイへの措置変更が多かったが、定員の関係から、現在は他の児童養護施設や、里親、ファミリーホームへの措置変更がほとんどである。2016（平成28）年度は、特別養子縁組前提の里親へ3件、里親、ファミリーホームへ2件、他の児童養護施設へ1件となる。

　ガーデンエルでの措置変更時に実施していることは、1）子どもの情報を詳しく引き継ぐこと、2）子どもが希望を持って安心して移動できるように説明すること、3）ならし保育をすることの3点である。

　子どもの情報については、子どもの基本的生活、発達、健康、保護者との関係等をできるだけ詳しく提供する。特に健康情報は看護師がまとめ、疾患やアレルギー等については、必要に応じて嘱託医からも情報提供を行う。また、アレルギーがひどい子どもについては、移動先の栄養士、調理師にも情報説明時に同席してもらい、ガーデンエルの栄養士から説明を行ったこともある。

　子どもに措置変更について説明する時は、子どもが希望を持って移動できるような声かけに配慮している。私たちは、子どもの成長を強調しつつ、望まれて移動することを伝えるようにしている。具体的には、「○○ちゃんは、お姉ちゃんになったから、赤ちゃんのおうちからお姉ちゃんのおうちに引越しをすることになったよ。どこがいいかなって考えてたら、○○ちゃんに、ぜひおいでっていってくれるお姉ちゃんのおうちが見つかったよ。□□先生が、○○ちゃんのことが好きって、会いに来たいっていってくれてるよ」と伝えている。こう説明された子どもは、聞いていないふりをしてふざけたり、うれしそうにしたり、恥ずかしそうにしたりと、色々

な反応を示している。

　子どもに措置変更先から職員が会いに来ることを知らせてから、ならし保育を実施している。ガーデンロイ以外への措置変更の場合、1、2回、まずは子どもに会いに来てもらい、その後、可能な限り措置変更先へ職員と子どもで出かけていく。初めは、子どもは乳児院の職員から離れられず、移動先の職員から声をかけられても、固まったり、下を向いたりしていることが多い。近寄られて泣くこともあるが、回数を重ねると、一緒に遊び、して欲しいことを移動先の職員に伝えられるようになっていく。乳児院では、移動の不安や寂しさから、イヤイヤが強く出たり、泣いたりすることが増えてくる。しかし、そんな中でも、乳児院職員も移動先の職員のことを積極的に話題にすることで、子どもから「ちゃんとできたって、□□先生にいうてね」等の言葉が出てくるようになる。

　楽しそうにならし保育での様子を話したり、ならしの中で笑顔が出ていても、措置変更当日は泣いたり、何ともいえない神妙な表情をしたりと、笑顔で移動することはほとんどない。子どもなりに、理解し、覚悟を持っていくのだと思われる。

　措置変更先が決まってから、実際に移動するまでの期間が1か月くらいで、ならし保育ができる回数は、多くて5回である。この期間に、子どもが体調を崩すこともあれば、感染症が流行することもあり、思うようにならし保育ができないまま移動になってしまったケースもあった。回数を重ねることが難しい場合は、子どもが少しでも安心して移動できるよう、写真等も使いながら、新しい担当職員の話をして、新しいところへ楽しみを持って移動できるような声かけをしている。

　乳児院に来る子どもの大半が、一時保護での緊急入所である。小さいからと、十分な説明をされないことが多い。子どもたちはわけがわからないまま、それまで一緒にいた家族と離されて施設へやってくる。子どもは捨てられ体験を施設入所時にしているといえる。そういった子どもたちに、措置変更時に再び捨てられ体験をさせたくない。そういった思いから措置変更時には、アタッチメント理論に基づく『ならし保育』を実施している。

第 3 章

施設職員が語る「措置変更」のプロセス

伊藤嘉余子

64

　本章では、施設職員を対象に実施したインタビュー調査の結果から、措置変更プロセスの現状と課題について考えていく。

　本章で述べる調査はすべて、「平成27年度厚生労働省：子ども・子育て支援推進調査研究事業」の「課題番号16：措置変更ケースにおける支援内容や配慮事項に関する調査研究事業」の一環として実施したものであり、調査の実施にあたっては、大阪府立大学大学院人間社会学研究科の倫理審査委員会の承認を得ている。以下に、本章で紹介する調査結果における調査及び分析の方法について述べる。

(1) 調査対象

　乳児院、児童養護施設、児童自立支援施設、児童心理治療施設、母子生活支援施設の施設職員を対象に、措置変更ケースに関するインタビュー調査を実施した。調査対象施設一覧や事例内容等については、各節に記載する。

　対象施設の選定については、本調査研究事業の一環として立ち上げた検討会の委員の紹介等を通じてスノーボール・サンプリング方式で抽出した。

　調査対象となった施設職員の職種については、各施設の判断に基づき、当該ケースの内容について熟知している職員がインタビューに応じた。

(2) インタビューの方法

　あらかじめ郵送したインタビューガイド（巻末資料参照）に基づき、半構造化面接でインタビューを実施した。インタビュー実施時期は、2015年11月24日～12月29日である。インタビュー所要時間は、1回あたり平均約130分であった。また、インタビューの際、対象者の承諾を得てICレコーダーを用いて録音を行った。インタビューは、各施設内の面接室等で行い、インタビュー対象者以外の人間に話が漏れることがないよう配慮した。

(3) 分析方法

　インタビューの録音データを文字に起こしたテキストデータを佐藤郁哉

(2008) による質的データ分析方法に基づき分析を行った。具体的には、
①データ切片化、②定性的コーディング、③脱文脈化、④第一の再文脈化
（データベース化）、⑤第二の再文脈化（ストーリー化）、の手順で分析を
行った。

その後、カテゴリー間の関係性を探索しながら、措置変更プロセスの図
式化を行い、それぞれの図に関するストーリーラインを示した。

第1節 乳児院から児童養護施設／里親へ送り出す 措置変更

乳児院から児童養護施設／里親へ送り出す措置変更プロセスの考察にあ
たっては、表3-1 に示した8事例を分析対象とした。

インタビューによって得られたテキストデータを分析した結果、55の
コードを抽出した。その後、それらのコードを26のサブカテゴリーにま
とめ、またそれらを12のカテゴリーにまとめた。さらにそれらのカテゴ
リーから6つのカテゴリーグループを生成した（表3-2）。

表3-1 乳児院から児童養護施設／里親家庭への措置変更事例

	措置変更経路	回答者	措置変更理由 入所時の養護問題等	変更時年齢
1	乳児院から 児童養護施設へ	乳児院の家庭支援専門相談員 （以下FSW）	父母の養育力不足 父母の障害／疾病	1歳
2	乳児院から 児童養護施設へ	乳児院のFSW	子への虐待歴あり	2歳
3	乳児院から 児童養護施設へ	乳児院のFSW	父母の養育力不足 父母の障害／疾病	2歳
4	乳児院から 児童養護施設へ	乳児院のFSW	父母の逮捕／拘留	4歳
5	乳児院から 児童養護施設へ	児童養護施設の児童指導員	父母の養育力不足 子への虐待歴あり	3歳
6	乳児院から 児童養護施設へ	乳児院の担当保育士、乳児院の FSW	父母の養育力不足 父母の障害／疾病	3歳
7	乳児院から 里親家庭へ	乳児院のFSW	父母の逮捕／拘留	3歳
8	乳児院から 里親家庭へ	乳児院のFSW	子への虐待歴あり 父母の障害／疾病	3歳

表 3-2 「乳児院から児童養護施設 / 里親へ送り出す措置変更」カテゴリー一覧
（事例数 8）

カテゴリーグループ	カテゴリー	サブカテゴリー	コード（数）
措置変更を検討する理由	子どもの年齢	2 歳～ 3 歳	児童養護施設からの要望（4）、幼稚園入園への配慮（3）
		年齢に関わらないタイミング	子どもの発達状態（2）、保護者の状況の変化（2）
	養育困難な保護者の状況	経済的理由	生活保護受給（7）、就労不安定（5）
		養育能力	親の精神疾患（4）、親の知的障害（3）
		不適切な養育環境	養育者不在（3）、虐待 / ネグレクト（8）
措置変更説明時における子どもと家族の反応	子どもの反応	措置変更への拒否	大泣き（5）、家庭復帰の要望（3）
		無表情・無反応	無関心を装う反応（2）、無言（2）
	保護者の反応	家庭引き取りへの意欲表明	世間体の悪さからの引き取り要求（3）、養育環境改善アピール（3）
		変更先への希望	児童養護施設までの距離（3）、きょうだいと同じ施設（2）
措置変更準備期間における子どもの反応	ならし保育期間の不安や葛藤	不安や緊張	乳児院職員との分離不安（5）、緊張による硬直（3）
		変更に向けての葛藤	情緒不安定（3）、諦めと覚悟（3）
	変更当日と直後の反応	当日の大泣き	移動中の大泣き（3）、到着後の泣きと混乱（3）
		変更直後の退行や混乱	身辺自立の後退（3）、乳児院を恋しがる（3）
措置変更準備期間における子どもへのケアと配慮	ならし保育の実施	子どもの気持ちへの配慮	変更先施設への子どもの代弁（3）、子どもと感想等の共有（3）
		十分な期間の確保	複数回にわたる実施（3）、3 か月以上前から（2）
	子どもへの丁寧な説明	子どもの成長の強調	「お姉ちゃん / お兄ちゃん」になったから（4）、幼稚園への動機づけ（2）
		新生活への期待喚起	家族面会が増える（2）、新しい友達や施設の子どもとの出会い（4）
措置変更による「ケアの継続性」の断絶に対する葛藤	変更後の交流の制限や禁止	変更後の交流制限	期間限定の交流制限（4）、電話や手紙のみ（面会禁止）（2）
		変更後の交流禁止	家庭復帰を視野に入れたケース（2）、児童養護施設の方針（2）
	措置変更に対する葛藤	変更のタイミングと子どもの年齢	子どもの愛着形成（3）、子どもの入所期間（2）
		子どもにとっての分離体験	乳児院の役割（3）、子どもの乳児院への愛着（2）

措置変更と乳児院のストレングス	児童養護施設を併設している場合の強み	最小限の環境の変化	知っている職員の存在（3）、知っている子どもの存在（3）、同じ敷地内（3）
		柔軟な措置変更プロセス	措置変更のタイミング（2）、ならし期間の延長（2）、乳児院職員と児童養護施設職員との頻繁な意見交換（3）
		措置変更後の交流可能	乳児院職員との日常的な交流（4）、合同行事への参加（2）、イベント時の交流（3）
	ライフストーリーワークでの役割発揮	アルバムや記録の活用	アルバム整理と提供（4）、記録へのモチベーション（3）
		ライフストーリーワークへの参画	LSWへの乳児院職員の参画（2）、LSWを契機とした交流（2）

　以下、カテゴリーグループを【　】、カテゴリーを〈　〉、サブカテゴリーを《　》を用いて、それぞれの内容について説明していく。

1.【措置変更を検討する理由】

　乳児院からの措置変更の場合、子どもの年齢超過と家庭復帰が困難な保護者の状況がその背景・理由として存在するケースがある（図3-1）。

1)〈子どもの年齢〉

　第1章で述べたとおり、乳児院の子どものほとんどが家庭復帰していく現状である。しかし、家庭復帰できない状態にある子どもについては、小学校就学前に児童養護施設や里親家庭に措置変更をする必要がある。

　乳児院から児童養護施設や里親家庭への措置変更が検討される時期として、2～4歳に集中し、特に3～4歳の間に措置変更が行われたケースが多かったが、《2～3歳》での措置変更を児童養護施設から要望されることがあるとのことであった。しかし乳児院としては、子どもの発達状態等に配慮した《年齢に関わらないタイミング》による措置変更が望ましいと考えているという。また、措置変更のタイミングはかつてよりも遅くなってきているという。その背景には子どもの愛着や発達段階への配慮があることがうかがえる。

具体例：●2歳のうちに受け入れたいという児童養護施設が多いの

図 3-1　措置変更を検討する理由

で、そのように準備するんですけど…子どもにとっては 2 歳での措置変更はちょっと酷ではないかと。乳児院としてはもう少しゆっくり子どもを見てあげたいという気持ちはあります。(事例 1)　●昔 2 歳過ぎたら措置変更ってことがあって、多く 2 歳半で移動させてる時代は、大泣きとかすごくあった。でもそこから色んな学びをして、2 歳じゃなくて 3 歳くらいだったらいいよねという話をしたり（中略）、ここ数年は、3 歳か 4 歳で移動する子が多くなってきた。(事例 5)　● 3 歳の年度末までに措置変更したいというのはあります。それを過ぎると、乳児院から幼稚園に通わせることになるので。(事例 6)

2)〈養育困難な保護者の状況〉

　家庭復帰が困難な保護者の状況としては、《経済的理由》、保護者自身の《養育能力》の不足、養育者不在を含む《不適切な養育環境》があった。

　《経済的理由》としては、8 事例のうち実に 7 事例が生活保護受給中であった。

　《養育能力》としては、保護者の障害や疾病による養育力不足や子どもの疾病や障害への理解・受容が困難な保護者の状況が多く語られた。

具体例：●（食物アレルギーの子どもに）お母さん、何でも食べさせてたんですよね。だから入院してもらわないと治療できないほどだったので。(事例 5)　●食物アレルギーのひどいお子さんでしたが、お母さんは「○○も△△も食べさせてます」って。だからやっぱり肌の状

態がひどくて。(事例8)

《不適切な養育環境》には、逮捕/拘留による養育者不在の他、保護者や知人等による子どもへの虐待があったケースが含まれている。

> 具体例：●昼間からお酒を飲んでることが多くて、子どもの世話とかも全然できる状態ではないんですよね。子どもへの愛情？のようなものは持っていそうだけれども、子どもの気持ちに寄り添って何かをしようとか、子どものために自分が何かしようというところまでは、なかなか難しいお母さんで…。(事例2) ●母子2人きりの家庭なんですけど、お母さんが時々子どもを家に残して出かけてしまうんです。それで置き去りみたいになって発見されて、保護されたという経緯があります。(事例3)

2.【措置変更説明時における子どもと家族の反応】

措置変更について説明した時の親子の反応については、〈子どもの反応〉と〈保護者の反応〉とがあった（図3-2）。

1)〈子どもの反応〉

子どもからは、「措置変更したくない」という気持ちの表出等《措置変更への拒否》としての不安や不満の表現があった一方で、《無反応・無表情》による諦めと見られるような反応もあるという。

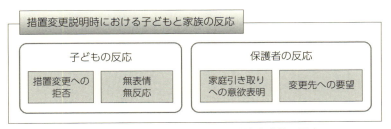

図3-2 措置変更説明時における子どもと家族の反応

> 具体例：● 「お姉ちゃんになったから、新しいおうちに行くんよ」って話したら、みるみるうちに目に涙をいっぱい浮かべて「いややーーー!!」って大泣きしたんです。でもここにはずっとはおられへん、みんな赤ちゃんばっかりやろっていったら「そしたらおうちに帰る」って。それは難しいんやっていっても泣いて泣いて話が聞けない状態でした。（事例6）● 聴いているのか聴いてないのかわからないような無反応でした。新しいおうちに行くよって伝えたんですけど、「ふーん」ってどこか他人事のような、うわのそらみたいな顔をしていました。（事例7）

2) 〈保護者の反応〉

　保護者の反応としては、「措置変更するくらいなら引き取ります」といった《家庭引き取りへの意欲表明》といった反応が見られることがあるとのことであった。しかし、措置変更を検討することになった「養育困難な状況」がどのケースにも存在するわけであり、そのあたりの話を施設職員と児童相談所の職員とで丁寧に行っている現状がうかがえた。

> 具体例：● （乳児院に）面会に来たことはほとんどなかったんですけど、とにかく連れて帰りたい、引き取りたいといわれて。児相から話してくれてやっと措置変更の同意をとれたというか…。（事例3）● 引き取ったら大変そうだけど、預けっぱなしだと世間体もあるし…という感じで、引き取りをいったんは主張するというか、そんな感じでした。（事例6）

　また、いったん措置変更に同意した後は、変更先となる児童養護施設について「きょうだいと同じ施設にして欲しい」「家から面会に行きやすい施設にして欲しい」等といった《変更先への希望》を述べる保護者が多いとのことであった。

> 具体例：● 上にお姉ちゃんがいるんです。生まれてから一度も姉妹の

交流はないんですけど、お母さんとしては、面会もあるしできれば同じ施設にして欲しいと何度も念押しされました。(事例 2) ●ちょっと歩くのがしんどい親御さんだったんで、(変更後の児童養護施設は)駅から近いのかとか、駐車場はあるのかといったことをとても気にしておられました。(事例 5)

3.【措置変更準備期間における子どもの反応】

措置変更準備期間における子どもの反応について「ならし保育中」と「変更当日と直後」とのフェーズごとに〈ならし保育期間の不安や葛藤〉と〈変更当日と直後の反応〉が語られた(図3-3)。

1)〈ならし保育期間中の不安や葛藤〉

ならし保育期間中の子どもの様子として、子どもの《不安や緊張》が多く見られるという語りが多かった。しかし、措置変更当日が近づくにつれ、子どもなりの覚悟や諦めの表情や言葉を見せるようになる等《変更に向けての葛藤》を子どもが全身で表現することが明らかになった。

具体例:● (措置変更の) 当日、なんか顔がすごくお姉ちゃんみたいになってて、かみ殺していくっていうか、色んな感情を自分の中で押し込めていったっていうような印象があります。(事例 4) ●ならし保育の間ずっと、一緒に来た乳児院の保育士さんの服の裾を掴んで離さないんですよね。こちらが話しかけても、ずっと黙って保育士さん

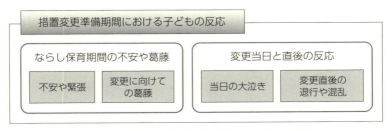

図3-3 措置変更準備期間における子どもの反応

にくっついてて。ああ、乳児院の子を受け入れるってこういうことなのかなって。(事例5)

2)〈変更当日と直後の反応〉

　事前の説明やならし保育等の段階を踏んでの措置変更となるよう様々な配慮を行うものの、《当日の大泣き》が見られたり、変更後数日間は子どもが泣き続けたりする等の《変更直後の退行や混乱》が見られるという語りがあった。こうした混乱は、送り出す乳児院職員の葛藤にもつながっていることがうかがえた。

具体例：●ならしもちゃんとしたんですけど、変更後1週間ぐらい毎晩大泣きしたらしくて。「乳児院の職員が誰も助けに来てくれない。帰りたい」と。(事例2)　●丁寧にならしをしたつもりだったのに、変更当日大泣きされて。ああ、子どもにとってはやっぱりショックなことなんだろうなと。ならし保育の重要性をあらためて感じた事例でした。(事例4)　●2年ぐらい、毎月ではなかったけど定期的に交流できていたなと思ってたんですけど。変更当日に、いやなの、行かない、とかって大泣きされてしまった。これだけ丁寧に長期間、交流してても大泣きされてしまったということで、私たちの交流の仕方で何が不足だったのかなって。(事例5)　●児童養護施設の職員さんから連絡があったんです。〇〇ちゃんの日常生活での様子が、乳児院からの文書や記録に書かれている内容とはずいぶん違いがあるんですって。施設内でもおかしいなという話になりました。例えば「トイレに行きたい時は自分で伝えることができる」とあるが、何もいわずにパンツの中でしてしまうし、食事も「自立」とあるけど、担当職員が食べさせないといけない状態だったり…乳児院ではそんなことなかったのにって。(事例6)

4.【措置変更準備期間における子どもへのケアと配慮】

　措置変更準備期間における子どもへのケアと配慮としては、〈ならし保

第3章 施設職員が語る「措置変更」のプロセス　　73

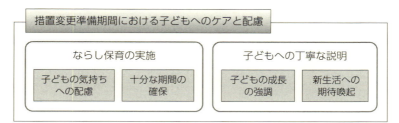

図 3-4　措置変更準備期間における子どもへのケアと配慮

育の実施〉と〈子どもへの丁寧な説明〉の大きく2つのことが大切にされていた（図3-4）。

1)〈ならし保育の実施〉

措置変更にあたって、変更先の施設職員や里親との「ならし保育」が実施されている。そのプロセスの中で、子どもにとって「突然の措置変更」にならないよう、《子どもの気持ちへの配慮》を行いながら、子どもの気持ちに寄り添った段階的なプロセスを踏むことができるよう、様々な工夫がなされていることが明らかになった。

> **具体例：**●子どもにも、新しい施設の職員さんが来た意味を認識して欲しいから2回以上は乳児院に来て欲しいとお願いして。で、その後、こちらからも向こうの施設に遊びに行って、と思ったより回数は少なかったんですけど、ならしの受け入れをしてもらえて良かったです。（事例2）●年度末にバタバタっとするのではなく、もうちょっと措置変更に向けた準備の中身をちゃんとしたいなというのがあって。子どもから職員への愛着とか、ちゃんと配慮して、突然のお別れにならないように、少しずつ段階を踏んで説明しながら進める努力をしました。（事例8）

また、変更先である児童養護施設や里親等が、なるべく短い準備期間での措置変更を希望してきた場合、乳児院の職員が子どもの思いや希望等を

74

代弁して、ならし保育の重要性や必要性を丁寧に説明し《十分な期間の確保》ができるよう配慮していた。

> **具体例：**●変更先の児童養護施設からだけでなく児童相談所からも何度も「何か問題があるのか」といったことを何度もいわれるんですね。「ならし保育をこんなに何度も何か月もする意味があるのか」とも。それでも粘り強く説明して、6か月くらい、児童養護施設に子どもと一緒に通わせてもらいました。（事例6）●4月の年度初めの段階で「来年度あたまに措置変更」という方針が決定して、措置変更先を検討し始めました。家庭状況から里親委託が望ましいという話にはなったんですけど、里親さんの方が「いついつまでに引き取れないんやったら他の里親をあたってくれ」って…。こちらとしては、乳児院職員との愛着をベースに尊重しながら進めたいので、面会や交流等回数をなるべく重ねて…って何度も説明をしました。（事例7）

2)〈子どもへの丁寧な説明〉

　措置変更に対して不安や拒否的な反応を示す子どもが多い中、子どもがなるべく安心して明るい気持ちで措置変更に臨むことができるよう、《子どもの成長の強調》や《新生活への期待喚起》になるような説明が行われていることがわかった。

> **具体例：**●お母さんのおうちの近くの施設に引っ越すよって話しました。親子の面会や交流が増えることも期待されていたので。（事例4）●こっちの施設に来たら、幼稚園行こうね、こんな新しい遊びもできるよ、新しいお友達もたくさんいるよ、とか、なるべく新しい生活への楽しみみたいなのを持ってもらおうと思いました。（事例5）●「お姉ちゃんになったからお引越しするんやで」みたいな説明ですね。他の子どもに対しても同じように説明します。みんなもいずれはお引越しするんだよーと。一定の年齢が来たらステップアップするみたいなニュアンスです。（事例6）

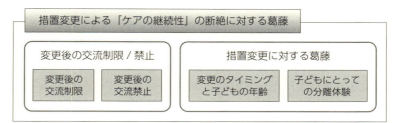

図3-5　措置変更による「ケアの継続性」の断絶に対する葛藤

5.【措置変更による「ケアの継続性」の断絶に対する葛藤】

　措置変更ケースへの支援プロセスで、乳児院の職員は少なからず「ケアの継続性の断絶への葛藤」を感じていることがわかった。具体的には〈変更後の交流の制限／禁止〉や〈措置変更に対する葛藤〉があった（図3-5）。

1)〈変更後の交流制限／禁止〉

　乳児院から児童養護施設や里親に措置変更された後、しばらくは「新しい環境に早く慣れるために」といった理由で、乳児院職員による《変更後の交流制限》がルールとして設定されることが多いという。また、ケースによっては、《変更後の交流禁止》とされることもあるといい、子どもにとってのパーマネンシー（ケアの継続性や永続性）に配慮した養育になっているのかという葛藤が乳児院職員の中に燻り続けることも少なくないという。

> 具体例：●措置変更から数日後に乳児院職員が施設を訪問して帰った後、子どもがちょっと不安定になったらしくて。だからもう来ないで欲しいっていわれて、それ以後は何もできてないです。(事例1)●いまだに子どもが乳児院の保育士のこととか話しているっていうので、少しずつでもつながってあげたかったんですけど、家族再統合も視野に入れているケースなので、乳児院の保育士への思いを薄らぐようにしたいのだと。それで交流はして欲しくないといわれて。そのへんがちょっと残念だなと。(事例4)

2)〈措置変更に対する葛藤〉

　丁寧に説明し、時間をかけてならし保育を実施しても、措置変更当日、子どもは混乱し、乳児院の職員を求めることも少なくない。また、乳児院の子どもたちが、その後成長していく中で、乳児院での生活や職員のことを忘れてしまうことも多い。こうした《変更のタイミングと子どもの年齢》をめぐる疑問や葛藤が語られた。

　また、乳児院からの措置変更が《子どもにとっての分離体験》になるという葛藤に直面しながらも、しっかり自分たち乳児院職員の役割を認識し、実践していこうという意志が語られた。

具体例：●措置変更当日の夜、乳児院の職員の名前を呼んでずっと泣いていたと後になってから聴きました。そんな話を聴くと、切なくて、措置変更って何だろうと思ったりしてわからなくなります。（事例2）●措置変更の当日、泣きながら出ていく子どもを見送る職員もまた号泣なんです。措置変更の当日は本当に何度経験してもつらいものがあります。子どもも職員もこんなにつらい思いをして次の施設にバトンを渡さなければいけない。それが仕事なのだけど。（事例3）●3歳近くまでいてくれた子は乳児院のことを覚えててくれますけど、それより小さいと覚えてないですよね。でもまあいいんですけど。元気にしてくれていたらいいというか。子どもの一番かわいい時期を見させてもらっているっていうのがあるんで、このかわいらしさを次の養育者たちにも伝えていきたいというか、そういう思いはあります。（事例8）

6.【措置変更と乳児院のストレングス】

　措置変更していく子どものケアに資することのできる「乳児院のストレングス」として、〈児童養護施設を併設している場合の強み〉と〈ライフストーリーワークでの役割発揮〉が挙げられた（図3-6）。

第3章 施設職員が語る「措置変更」のプロセス　77

図3-6　措置変更と乳児院のストレングス

1)〈児童養護施設を併設している場合の強み〉

　乳児院を運営している社会福祉法人の中には、児童養護施設を運営している法人もある。こうした場合、子どもにとっての《最小限の環境の変化》や《柔軟な措置変更プロセス》の実現、さらには《措置変更後の交流可能》なことによってケアの継続性の保障につながるという、子どもにとってのメリットがあると語られた。

> **具体例：**●同一法人内の措置変更でも、生活自体はガラッと変わるんで、不安は不安やと思うんですけど、見知った職員が数名いるというのと、乳児院時代に一緒だった子どもが何人もいるというのは、子どもにとって心強いと思います。(事例2)　●同一法人内の乳児院から児童養護施設に異動した職員もいるので、ならし保育の間も、他の施設に変更していく子どもと比べたら、その子は少し安心そうな様子でした。(事例3)　●やはり物理的に近いというのは、職員にとっても子どもにとっても「またすぐ会える」という安心感はあります。担当は変わっても、いつでも話をしに来られるというか。(事例6)

2) 〈ライフストーリーワークでの役割発揮〉

0歳から就学前までという期間限定の社会的養護の役割を担う乳児院。乳児院運営指針にも明記されている「ケアの継続性への配慮」の具現化の1つとして、アルバムの作成等に力を入れる施設も増えてきており、子どもが成長した後のライフストーリーワークにおける《アルバムや記録の活用》に役立てて欲しいという思いが語られた。

また、丁寧な記録や引継ぎが、子どもが成長した後のライフストーリーの一助になるだけでなく、過去に、ライフストーリーワーク面接に同席できたケースもあり《ライフストーリーワークへの参画》という可能性も、乳児院職員のモチベーションにつながっていることが語りからはうかがえた。

> **具体例：**●ライフストーリーワーク面接のため児童相談所に呼ばれたことがあったんです。そこで乳児院の時の記録を見ながら話すことが子どもの役に立てたというのは大きかったです。（事例1）●措置変更後、会いに行くと、子どもはやっぱり喜びますよね。ハイテンションになるっていうかね。子どもにとって「あなたを大切に思って育てた大人がここにも、複数いますよ」ということをずっと伝えていきたいと思うし、それがその子の生きる力になっていくんだと思うんです。（事例3）●アルバムがとても有効なようで、よく、子どもに持たせたアルバムを見ては、乳児院のことを子どもが周りの人に話しているんだそうです。（事例4）●変更後の児童養護施設から、今ちょっと生育歴の整理をしているので、一度乳児院の見学をさせて欲しいといわれました。あなたはここでこんなに大事に育てられたんだよという話を当時の担当職員と一緒にその子にしました。（事例6）

7. 乳児院からの措置変更の全体像

ここまで概説してきた「乳児院からの措置変更プロセスの全体像」を図式化すると図3-7のようになる。

第3章　施設職員が語る「措置変更」のプロセス　　79

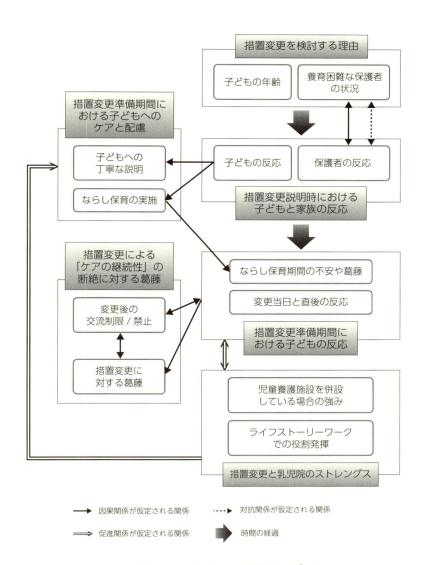

図3-7　職員が語る乳児院からの措置変更プロセス

1）措置変更前の「ならし保育」の重要性

　乳児院からの措置変更プロセスでは、準備期間に行う〈ならし保育の実施〉が非常に重要視されていることがわかる。その背景には、乳児院職員との愛着を結び始めた段階での措置変更を余儀なくされる〈子どもの反応〉としての不安や戸惑い・混乱への配慮がある。

　しかし、乳児院の職員と、児童養護施設職員や里親、児童相談所職員との間には、「ならし保育の重要性や必要性」の認識において温度差が少なからずあるのではないかという問題意識が、乳児院職員からは多く語られた。こうした温度差が、乳児院として納得のいく形での〈ならし保育の実施〉を妨げているのではないかという疑問も語られていた。

　また、どれだけならし保育を丁寧に行っても、措置変更当日や直後に、子どもの泣きや混乱といった〈変更当日と直後の反応〉が見られるということも語られた。しかし、だからといって「ならし保育をしても意味がない」のではなく、長期的に見た時に、子どもにとっても、受け入れる施設職員にとっても、変更前の〈ならし保育の実施〉をしっかり行うことは重要であることを認識する必要がある。

2）乳児院が考える「子どものパーマネンシーへの配慮と葛藤」

　０歳から就学前までの限られた期間の養育を担う社会的養護施設として、【「ケアの継続性」の断絶に対する葛藤】を抱えながらも、「次の養育者へのバトンを渡す」という役割を乳児院職員が強く意識していることが語りからうかがえた。つまり、子どもにとって「永続的な生活の場」にはなり得ない乳児院において、子どもに必ず訪れる「措置変更」の意味づけ等〈子どもへの丁寧な説明〉を行うことや、子どもの不安や戸惑いに配慮して、先述した〈ならし保育の実施〉を含めた【準備期間における子どもへのケアと配慮】をしっかりと行うことを乳児院としては重要視している。

　措置変更が必ず訪れるという制度の枠組みの中ではあるが、少しでも子どもにとってのパーマネンシーを保障・尊重したいと様々な工夫を行う中で、乳児院職員にとって【「ケアの継続性」の断絶に対する葛藤】は小さくないことがうかがえた。中でも〈変更後の交流の制限／禁止〉を強いら

れることは、乳児院職員にとって、自身の役割への混乱をきたす一因にもなり得るストレスであることが語りからは伝わってきた。

　そうした葛藤やストレスに直面しながらも、措置変更先施設からLSW（ライフストーリーワーク）の取り組みを提案される等して、〈ライフストーリーワークでの役割発揮〉を期待されたり与えられたりすることは、乳児院職員にとって大きな励みであり喜びになっていることが示唆された。

　また、乳児院職員自身が自覚する【措置変更と乳児院としてのストレングス】として、〈児童養護施設を併設している場合の強み〉と〈ライフストーリーワークでの役割発揮〉が挙げられた。児童養護施設と乳児院を併設している法人の場合、《最小限の環境の変化》や《柔軟な措置変更プロセス》が可能となり、ならし期間における子どもの《不安や緊張》や《変更直後の退行や混乱》を小さくすることができると共に、乳児院―児童養護施設間の《措置変更後の交流可能》なことによって、子どもにとっての「見捨てられ不安」を軽減でき、ケアの継続性（パーマネンシー）の保障にもつながる。さらに、いずれ生い立ちの整理やLSWが必要になった時の連携もとりやすい。

　以上のことから、乳児院からの措置変更プロセスでは「準備期間におけるならし保育の実施」と「措置変更後のケアの継続性の保障のための施設間連携」が重要になることが示唆された。

第2節　子どもの行動上の困難さによる措置変更

　本節で考察する措置変更は、いわゆる「不適応」を理由として措置変更となった14事例である（表3-3）。措置変更前の在籍は、児童養護施設、児童自立支援施設、児童心理治療施設、里親家庭等様々であるが、措置変更先は児童自立支援施設か児童心理治療施設である。

　14事例を概観すると、ほとんどのケースにおいて、子どもが複数回にわたる措置変更を経験していることがわかる。

　インタビューによって得られたテキストデータを分析した結果、66のコードを抽出した。その後、それらのコードを30のサブカテゴリーにま

とめ、またそれらを13のカテゴリーにまとめた。さらにそれらのカテゴリーから5つのカテゴリーグループを生成した（表3-4）。

以下、カテゴリーグループを【　】、カテゴリーを〈　〉、サブカテゴリーを《　》を用いて、それぞれの内容について説明していく。

表3-3　子どもの行動上の困難さによる措置変更

	措置変更	年齢	変更理由	保護者の状況	他施設入所歴	特記事項
事例1	養護→自立	14	職員への暴力	父子家庭、性的虐待	乳児、養護、自立	特別支援学級在籍
事例2	養護→自立	15	非行、職員への暴力	DV家庭、母施設入所	養護、自立	成績不良
事例3	養護→自立	14	暴力、わいせつ	没交渉	乳児、養護、自立	怠学、知的に問題はなし
事例4	自立→自立	14	他児への暴力	実父母、虐待歴なし	児童自立のみ	発達障害、ADHD疑い
事例5	心理→自立	13	性加害	没交渉	養護、里親、心理、自立	施設入所前に親戚宅を転々
事例6	養護→自立	14	他児への暴力	没交渉	乳児、養護、自立	ADHD診断あり
事例7	養護→自立	13	性加害	母入院、実家なし	養護（1～3）、心理、自立	きょうだい全員施設入所中も交流なし
事例8	自立→自立	14	職員への暴力	母子家庭、面会あり	児童自立のみ	最初の入所理由は非行
事例9	養護→心理	11	性加害	母子家庭	児童養護、心理	きょうだい全員施設入所中
事例10	養護→心理	6	施設による養育困難	実父母、虐待歴	児童養護、心理	知的障害、発達障害
事例11	養護→心理	8	暴言、暴力	実母・継父、虐待歴	児童養護、心理	療育手帳B2
事例12	養護→心理	6	性的な行動	実母・複数の父、没交渉	乳児、養護（1・2）、心理	外国籍
事例13	里親→自立	14	怠学、監護困難	離婚父子家庭、保護者行方不明	里親1,2、自立	反社会的行動
事例14	養護→心理	11	施設不適応	ネグレクト、母子家庭	里親、養護、心理	療育手帳B2、発達障害

※養護：児童養護施設、自立：児童自立支援施設、心理：児童心理治療施設（情緒障害児短期治療施設）

表 3-4 「子どもの行動上の困難さによる措置変更」カテゴリー一覧（事例数 14）

カテゴリーグループ	カテゴリー	サブカテゴリー	コード（数）
措置変更を検討することになった子どもの状況	措置変更前の生活における傷つき体験	複数の施設入所歴	乳児院での生活経験（4）、2 か所以上の施設経験（12）、3 種類以上の施設等経験（7）
		保護者との交流不足	没交渉（5）、不安定な面会交流（5）、電話／手紙のみの交流（3）
		施設での被害体験	職員からの体罰／暴力（4）、子ども間の暴力（6）
	子どもの心身の状況	発達障害	ADHD 診断あり（2）、発達障害の疑い所見（5）
		知的障害	療育手帳あり（3）、手帳はないが知的に遅れあり（3）
		学力不振	成績不良（11）、怠学（2）
	外在化した子どもの行動	施設内での暴力	職員への暴力（3）、他児への暴力（3）
		性加害	施設内での性加害（3）、近隣／学校の友人への性加害（2）
		非行・触法行為	万引き（2）、深夜徘徊（2）
措置変更説明時の子どもの反応	「過重すぎる罰だ」という不満	措置変更理由への不満	共犯者の存在（4）、自身の行為の過小評価（4）
		措置変更先への不満	施設種別への不満（4）、遠方であることの不満（3）
		一時保護からのプロセスへの不満	元いた施設に戻れない不満（2）、騙されたという不満（2）
	これからの生活への不安	過去との断絶	家族との交流が減少することへの不安（3）、前いた施設生活や人間関係への思い（5）
		新生活への適応	子ども同士の人間関係への不安（2）、職員との関係への不安（4）、施設生活への不安（6）
	不満から諦めへ	自分の課題への気づき	衝動性への気づき（3）、学力と進路に関する気づき（2）
		自分の境遇への諦め	他に選択肢がない（7）、障害や疾病（4）
子どもに対する措置変更の意味づけ	内省の促し	措置変更理由の理解促進	暴力行為の反省（7）、他児への影響の指摘（3）
		自身の課題との直面化	気づいた課題と目標をつなぐ（4）、退所後の進路の展望（2）
	エンパワメント	成長のチャンスとの意味づけ	コミュニケーションスキルの獲得（4）、施設で経験可能な支援の説明（5）
		目標の明確化	問題行動の除去（6）、年齢に相応しいスキル獲得（4）、退所の条件や時期の確認（3）
	不安や不満の軽減	見捨てられ不安へのケア	一時保護所への面会（3）、措置変更理由の説明（2）
		つなぎ支援	事前の施設見学（4）、一時保護所での面会（6）

措置変更後の子どもへの「今ここでの支援」	措置変更を前向きに捉えるための支援	丁寧なアドミッション・ケア	3日間マンツーマン生活（10）、個室生活での導入（3）
		退所を意識したケア	施設で頑張ることの確認（6）、将来の希望の確認（4）
	変更前施設－変更後施設間の連携	個別ニーズの理解と支援	前いた施設からの情報共有（4）、性教育プログラムの充実（5）、衝動性へのアプローチ（2）
		ケアの継続性への配慮	前の施設職員の思いを子どもに代弁（2）、前の施設への面会・交流の促し（4）
措置変更後の「これからに向けた支援」	変更前施設への復帰に向けた支援	つながりの保持	職員間の定例会議の開催（4）、施設行事への招待（7）
		子どもの代弁	子どもの成長や頑張りを伝える（6）、子どもの前籍施設への思いの代弁（4）
	親子関係調整	家庭復帰の可能性の模索	児相と連携した家族の状況把握（4）、家庭支援専門相談員による家族関係調整（4）、子どもの思いを親に代弁（2）
		親への感情の整理	生い立ちの整理（4）、親との距離のとり方への支援（3）

1. 【措置変更を検討することになった子どもの状況】

　子どもの行動上の困難さによって児童自立支援施設や児童心理治療施設への措置変更を検討することになった子どもの状況として、〈措置変更前の生活における傷つき体験〉と〈子どもの心身の状況〉が複雑に絡み合っていることが語られると共に、それらが積み重なって〈外在化した子どもの行動〉をきっかけに措置変更が検討されることが明らかになった（図3-8）。

1)〈措置変更前の生活における傷つき体験〉

　まず、ここで分析対象となった事例の子どもの多くに、《複数の施設入所歴》があり、複数回にわたる「見捨てられ体験」をしていることがわかる。さらに、保護者との面会や交流がほとんどなかったり、ある日突然保護者がいなくなったりした等、《保護者との交流不足》の状態にあるとのことであった。

　具体例：●やっぱり生まれてからずっと乳児院で、その後は児童養護施設で…っていう子は、根っこがないというか、守るものがないとい

第 3 章　施設職員が語る「措置変更」のプロセス　　85

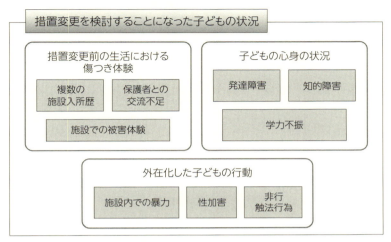

図 3-8　措置変更を検討することになった子どもの状況

うか、投げやりなそんな感じで。落ち着かないですね。(事例 3) ●家庭でも施設でもかなりの被害を受けてきてて、発達障害がベースにあって、家庭基盤もない状態で施設を何か所も転々としてきている性加害の子どもの受け皿をどうしていくのかっていう問題。(事例 12)

具体例：●それまでずっと定期的にあった父親の面会が、ある日ぷっつりなくなったんですよね。連絡もとれなくなった。それから荒れましたね。暴力、暴言が止められなくなりました。(事例 1) ●母親がいるんですけど、ずっと入院していて面会は難しい状態です。ずっと入院していて、家がないんです。この子も親も、帰る家がないんです。なので面会するとしたら病院なんですけど、母親の体調が悪いのでもう何年も会ってないはずです。(事例 7)

また、措置変更前の施設における虐待やいじめ等の被害体験を持つ子どもも少なくなく《施設での被害経験》を語る子どももいるという。今回の措置変更が自分の加害行為が原因によるものであったとしても、自分もかつては被害者だったという思いから、自分の行動を冷静に振り返ったり、

措置変更という決定を受け入れたりすることが困難な子どもの心のありようがうかがえる。

> **具体例：**●自分自身も、前いた施設で、殴られてきたっていうこと。そういう話をする中で、なぜ自分がこの施設に来なければならないんだっていう不満を見せます。（事例2）●その子が前いた施設で受けた被害体験を話してくれるようになって。そういう被害体験が今回の加害行動の背景にあることは十分に考えられると思います。（事例8）●その子は、感情コントロールが難しいというか、怒っているふりをアピールしたら、みんなが優しく機嫌をとりにきたりして、いわゆる「良い結果」がもたらされた、という悪い学習の積み重ねを前の施設でしていたようです。（事例10）

2）〈子どもの心身の状況〉

　子どもの行動上の問題で措置変更となる子どもの多くが、《発達障害》や《知的障害》等心身の困難さに加えて、《学力不振》等学校での馴染みにくさを抱えていたという。

> **具体例：**●ADHDの診断がついていました。授業中に落ち着いて座っていられない、すぐカッとなって手が出てしまう。学校でのトラブルがたえなくて、次第に不登校になったようです。（事例6）●知的には問題ないんですが、授業中ずっと寝ている、提出物も出さない、テストもいつも悪かったようです。不登校ではないのですが、怠学というところでしょうか。（事例13）●発達障害の診断がついています。本人もどうしたらいいかよくわからない、自分をもてあましてる、そんな印象でした。（事例14）

3）外在化した子どもの行動

　前述した〈措置変更前の生活における傷つき体験〉や〈子どもの心身の状況〉による影響や相互作用等により、子ども自身が抱える葛藤やストレ

スが、他児への暴力や性加害等の形で行動化される。こうして表出した〈外在化した子どもの行動〉を契機に、子どもの児童心理治療施設や児童自立支援施設への措置変更が検討され始めることとなる。具体的には、職員や他児への暴力、性加害、非行行為等である。

具体例：●それまで継続していた父親との面会がパタッと止まった。それから職員に対して暴力とか他児に対して威圧的になったりとかいうことが多くなってきて。（事例1）●小さい子へのわいせつ行為と脅迫ですね。海に飛び込ませたり、火遊びさせたり。（事例3）●本人は否認しているんですが、性加害らしきことを施設内でしています。（事例5）●施設内で他の児童を殴ったというのが大きな理由です。本人は「自分も昔はどつかれた」と主張しているのですが、今回は相手に大きなけがを負わせてしまって。（事例6）

2.【措置変更説明時の子どもの反応】

措置変更について説明された時の子どもの反応としては、大きく〈「過重すぎる罰だ」という不満〉〈これからの生活への不安〉〈不満から諦めへ〉の3つに分けられた（図3-9）。

1）〈「過重すぎる罰だ」という不満〉

まず、今回の措置変更が「自分がやった行為に対して重すぎる罰ではないか」という不満を表出する子どもが多いという。不満には大きく2種類あって、1つは《措置変更の理由への不満》で、もう1つは「なぜ児童養護施設ではないのか」「なぜ児童自立支援施設なのか」といった、決定内容である《措置変更先への不満》であった。

具体例：●なんで県外の児童自立支援施設やねんって。遠いやん、おかしいやろって。（事例1）●相手を蹴っただけで、児童自立支援施設に措置変更になるなんてという驚きを隠せずにいましたね。（事例2）●けんかしたからってなんでやねんって。私だけ？　みたいな。

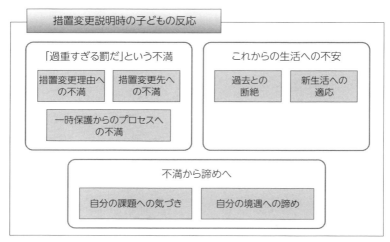

図3-9　措置変更説明時の子どもの反応

本人は「相手への暴力、加害」ではなく「けんか」やと思ってるんです。(事例6) ●ただやっぱり他にも施設内で暴力をしている子はいたので「なんで自分だけ措置変更？」っていう不満はあったみたいですね。納得できていないんです。(事例8) ●複数の友達と一緒になってふざけてやってたという感覚なんですよね。だから「なんで僕だけ施設に残れへんかったん？」とか何回も訊かれました。(事例11)

さらに、措置変更にあたって、そのプロセスへの不満も大きいという。具体的には、騙し討ちのような形で、ある日突然、児童相談所(一時保護所)に連れて来られて、そのまま前にいた施設には帰れなくなったという《一時保護からのプロセスへの不満》である。

具体例：●一時保護してその後帰れないって最初からいうたら暴れたりという心配もあったんで、騙し討ちっていったら失礼ですけど、その時すでにもう戻れないのはわかっていたけど一応「一時保護所でよく考えて相談して」って形で送り出しましたね。(事例1) ●最初は

児童養護施設から「お前、ちょっと一時保護所で反省してこい」って
いわれたらしいんです。で面会中も、本人が帰れると思うようないい
方を施設の人がしたらしくて…。でも結局措置変更になったんでね。
（事例2）●一応、納得しては入ってくるんですけど、完全には納得
してないんで。「なんでここに来なければいけないんだ」っていう、
そういう気持ちなんだろうなって。（事例3）●前いた施設には帰れ
ないって話したら「じゃあ私、家に帰るわ」って。いやそれはないっ
て、無理やって。じゃあもう決まってるんやんかって怒って暴れ出し
て。（事例8）

2）〈これからの生活への不安〉

　措置変更という決定への不満が徐々に「諦め」へと変化していく過程で、
不安を口にする子どもが多いという。不安の内容は大きく2つで、1つは
《過去との断絶》への不安であり、もう1つは「これからの生活に適応で
きるか」という《新生活への適応》への不安である。

具体例：●関係の深かった職員が一時保護所に面接に行って、うちの
施設が切ったとかではなく、あなたのためにどうするのが良いか大人
の方で相談した結果こうなったよと。別にこれからも、次の施設へ
行ったからといって私たちと関係が切れるわけではないから、応援し
ているよというような内容を伝えています。（事例2）●頑張ったら
前の児童養護施設へ帰れるかって何度も訊くんですよ。それはわから
んからようわんけど、会いに来てくれたらうれしいよなって励まし
て。（事例3）●一緒に施設に入所中のきょうだいに会いたいっていっ
うのはずっというてて。変更後も今までみたいに面会できるのかって
いうのは何度も訊かれました。（事例9）

3）〈不安から諦めへ〉

　自分の行動上の困難さによって措置変更となった子どもの多くが、変更
に対して強い不満や不安を示すが、次第にその状況を受け入れていく「諦

め」に似た反応を示すようになるという。この種類の措置変更では、変更に関する説明については一時保護所にて行われることがほとんどであるが、説明の中で、自分の行動を振り返らせながら、子どもが《自分への課題の気づき》が可能になるよう働きかけがなされるという。また、家庭に帰れない現状や前いた施設に戻れない理由といった《自分の境遇への諦め》も促されることによって、次第に、措置変更という受け入れ難い状況に対して、諦めに近い納得を示すようになるとのことである。

具体例：● 「お前もう2回目やから、前いた施設には帰られへんぞ」と。そういう約束だったらしいんで。そしたら「うんわかってる、覚えてる」と、うなだれながらも答えました。（事例3）●鑑別所では「いやだ、そんな話、聴きたくない」ってずっと拒否してましたけどね、だんだん変わってきて。僕が○○まで見送りに行った時には「もうわかった。頑張ってくるわ」って。（事例4）●きょうだいや慣れた施設と離れることを悲しく思うことはあるけれど、次の施設で今まで以上に色んなことができる力をつけていくことについては納得していたそうです。（事例10）●しぶしぶという感じですよね。最低限の納得っていう感じ。（事例13）

3.【子どもに対する措置変更の意味づけ】

　子どもにとって納得し難い措置変更について、子どもが少しでも前向きに捉えることができるよう、様々な配慮に基づくアプローチが工夫されていた。具体的には〈内省の促し〉〈エンパワメント〉〈不安や不満の軽減〉である（図3-10）。

1)〈内省の促し〉

　子ども自身の行動によって措置変更が検討されることになったということを丁寧に説明する等《措置変更理由の理解促進》が慎重に行われると共に《自身の課題との直面化》を支え、措置変更先での新しい生活に少しでも前向きに臨めるよう配慮しているとのことであった。

第3章 施設職員が語る「措置変更」のプロセス　　91

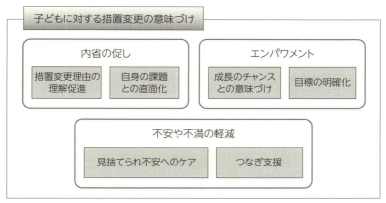

図3-10　子どもに対する措置変更の意味づけ

> **具体例：**●職員への反発や暴力があった子どもに、そんな生活、居心地良かったか？　って訊いたんです。お前だけじゃなくて職員もどうだろうかと。そしたら「俺は居心地良かった」と。先生たちはしんどかったと思うでっていうたら、少し考えて「確かにそうかもしれんな」と。（事例2）●噛んだり殴ったりしたら、そりゃ施設にはいられなくなりますよって。他の子も本人も納得せざるを得ないですよね。（事例6）●まず「あかんことをしたからうちの施設に来た」ということははっきりと伝えています。児相からも伝えてもらったんですけど。（事例11）

2)〈エンパワメント〉

　子どもにとって納得し難い措置変更ではあるものの、少しでも前向きな気持ちで次の施設での生活をスタートさせて欲しいという思いから、変更先で獲得できるスキルの強調等、子どもにとっての《成長のチャンスという意味づけ》が行われていた。

　また、子どもにとって納得し難い変更理由と関連させて、新生活での《目標の明確化》を促進するような対話が重ねられていることがわかった。

> 具体例：●うちの施設に来たら何を頑張りたい？　頑張ってくれるの
> かな？　と話をします。（事例4）●一時保護所に（変更先の施設職員
> として）面会に行くんです。「うちに来たら何を頑張りたいか
> な？」っていう話を初回からしていって、子どもの希望や要望等をな
> るべくたくさん聴き出すようにします。だんだんうちの施設での生活
> が楽しみに思ってもらえるように。で、3回目以降くらいに「うちの
> 施設来たら、○○を目標にしようか」ってペーパーを一緒に作るんで
> す。（事例10）●「性加害になるような方法ではなく、違う方法で、
> 人と仲良くなる方法を身に着けることが目的」っていう話をしました。
> （事例12）●なんで措置変更かってことは、児童相談所のワーカーさ
> んからも本人にわかりやすく説明されているとは思うんで、措置変更
> のきっかけとなった「問題行動といわれるもの」をなくすため、それ
> を目標に頑張ろうみたいな話をします。（事例14）

3)〈不安や不満の軽減〉

　行動上の困難によって措置変更となる子どもの多くは、複数回にわたる
措置変更を経験してきていることから、過去との断絶に対する不安が強い。
そのため《見捨てられ不安へのケア》を変更前施設と変更先施設、共に丁
寧に行おうという姿勢が強かった。また、変更先である児童心理治療施設
や児童自立支援施設に対して必ずしもポジティブなイメージを持てていな
い子どもも多いため、施設見学や変更先施設職員との面会といった《つな
ぎ支援》も積極的に行われていることがうかがえた。

> 具体例：●最初は不安そうやったけど、だんだん「そこで水泳は続け
> られるん？」とか、新しい施設でできることを調べていって、じゃあ
> 頑張ってこようかなとか、少しはポジティブなイメージを持てるよう
> になって不安が小さくなったかなと。（事例6）●一時保護所に会い
> に行く時、施設のパンフレットを持っていって、こんなところだよっ
> て説明します。あと施設見学にも来てもらって、実際にこういうとこ
> ろで生活するんやでっていうところを見てもらう感じです。（事例

10) ●一時保護中にこちらから面会に行って、あと施設見学にもきてもらって安心してもらいたいと思うので。計2回ぐらいですかね。「あなたに来てもらうのを待ってるよ」というのを示すのが大事な部分だと思うので。どんな遊びが好き？　とか、得意なことは？　うちの施設でもできる楽しいことを示していくことが話題の中心になるように。（事例12）

4.【措置変更後の子どもへの「今ここでの支援」】

措置変更後の施設における支援の特徴として、〈措置変更を前向きに捉える支援〉と〈変更前施設─変更後施設間の連携〉による支援の2点が挙げられた（図3-11）。

1)〈措置変更を前向きに捉えるための支援〉

まず、多くの施設が、受け入れ直後の《丁寧なアドミッション・ケア》をかなり心がけていることが明らかになった。この背景には、必ずしも今回の措置変更やその理由に納得していない子どもに対して、この施設で少しでも前向きな気持ちで生活をスタートしてもらいたいという思いがあることがうかがえた。同様な理由から、措置変更を成功体験に意味づけできるような関わりや目標設定といった《退所を意識したケア》が展開され、「良い形での施設退所」をイメージできるよう働きかけられていることがわかった。

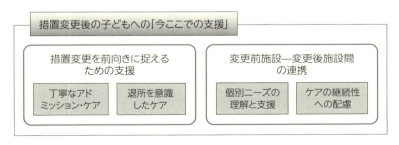

図3-11　措置変更後の子どもへの「今ここでの支援」

> 具体例：●担当職員との個別的な関わりを大事にしようっていうのが
> あって。入所からしばらくは、色々と身の回りの世話とか、一緒にお
> 風呂入ろうかとか、担当職員と一緒に過ごせる時間の確保を大切にし
> ています。なんかあったら担当にいうねんでって。（事例3）●導入
> 日課の3日間では、新しく入所した子どもと職員がマンツーマンに
> 近い形で行動します。他の子どもとは合流しません。この3日間で、
> 職員と関係を作ったり、ここでの動機づけとかここでどう頑張るかみ
> たいな意味づけをしていきます。（事例7）●入所後3〜4日は個室
> 対応みたいな形をとります。他の子どもとは離して、職員とだけ個別
> に関わりながら施設の生活に慣れていってもらいます。その中で、こ
> こでの目標みたいな話や将来の希望や進路等の話もしていきます。
> （事例14）

2）〈変更前施設─変更後施設間の連携による支援〉

　措置変更前に生活していた施設で、性的な課題を表出したり、様々な暴力の加害/被害を体験したりしている子どもが多いということから、子どもの《個別ニーズの理解と支援》を大切にしていることが職員の語りからうかがえた。また、そのためには、変更前施設との情報共有や連携が非常に重要であり、そうしたやりとりが結果的に「子どもの見捨てられ不安へのケア」や《ケアの継続性への配慮》につながっていた。

　また、「問題行動をして捨てられた」という見捨てられ感や、「もう前の施設に帰れないのではないか」という不安を感じている子どもが多いことから《ケアの継続性への配慮》を行いたいという変更先施設の思いは強いが、必ずしもうまくいかない困難があることが語られた。

> 具体例：●変更前の施設が持たせてくれた荷物の中にアルバムがあっ
> て。すごく小さい頃からのやつをきれいに揃えてあったんです。すご
> いなぁって。その子にも「見てみ。こんなん自分の子にもようできひ
> んで。お前、前の施設で大事に大事にしてもらってたんやで」ってい
> っていって聞かせて。そしたらその子も「え、そうなん」みたいな。あり

がたいなって。(事例3) ●この子の場合は、かなり深刻な性加害の問題があるんで。児相と施設の心理とでこの子の性教育をどうしていくのか、連携を密にしてプログラムしっかり立ててっていうような配慮はしています。(事例5) ●前いた施設の先生に「この子の課題は何でしょう?」って訊いて。なるべくたくさんの情報を集めて支援に活かすようにしています。問題行動やネガティブな情報だけでなく、得意だったことや好きなもの等、ポジティブな情報についてもたくさんもらえるよう努力はしています。で、子どもに「前の施設の人、こんなこといってたよ」と。子どもも褒められるとうれしそうにするし、「追い出されたみたいなもんやけど、見捨てられてはいないのかな」と安心するみたいで。(事例10)

5.【措置変更後の「これからに向けた支援」】

　児童自立支援施設や児童心理治療施設での生活は、必要な治療の終結や課題達成の時を迎えた時に終結し、次のより良い養育の場への移動のフェーズを迎えることになる。そのため、児童自立支援施設や児童心理治療施設での支援は、他の施設よりもより強く、施設退所を意識した内容の支援になるといえる。
　【措置変更後の「これからに向けた支援」】については、施設職員の語りから、〈変更前の施設への復帰に向けた支援〉と〈親子関係調整〉の2つが抽出された(図3-12)。

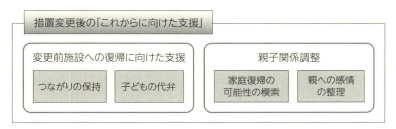

図 3-12　措置変更後の「これからに向けた支援」

1）〈変更前施設への復帰に向けた支援〉

　多くの子どもが、変更前にいた施設への復帰を望んでいるとのことであったが、子ども自身が前いた施設で暴力等の「施設不適応」と判断されるような行動化をしていることもあり、実際には、変更前に在籍していた施設への復帰は困難であるという。しかし、措置変更を受け入れた施設として、少しでもその可能性を探ってあげたいという思いから、変更前にいた施設から子どもへの関心が途切れないよう《つながりの保持》になるような支援を行ったり、子どものプラスの変化や成長等を積極的に伝える等《子どもの代弁》をすることによって、子どもが以前に在籍していた施設に戻ることのできる「再措置変更」の可能性を模索するという。

具体例：●前の施設にいた時より悪くなったら、その子を帰しますって、どんだけ面の皮が厚くてもちょっといえないと思って。そのことは子どもとも共有しながら、だから頑張ろうと励まして。（事例2）●何回もこちらから出向いていって、その子の頑張っていることとか成長していることをどんどん伝えていくことで、また受け入れてみようかと、前いた施設側の態勢が変わってきたという感じです。（事例4）●きっちり関係を作って、前いた施設に帰すっていうことを目標にしています。途切れないように、帰せる段取りや道筋をしっかりつけるための工夫をしています。（事例6）●家庭がない子なので、前いた施設に戻らないといけない子なんです。入所の時も施設職員に来てもらって、その後も定期的に四者懇談（変更前施設、変更後施設、児童相談所、学校等）とかして、施設との関係を作っていくということを大切にしています。（事例7）●前いた施設に懐かしみというか愛着もあって。施設同士の行事とかで前の先生と会うとすごい喜んで「戻りたい」みたいなこというんです。でもそんな簡単なことではないですし、子どもの中で美化されている部分もあって…それでも、子どものそういう気持ちを相手の施設には積極的に伝えていくようにしています。（事例12）

第3章　施設職員が語る「措置変更」のプロセス　　97

2)〈親子関係調整〉

　措置変更のきっかけとなった子どもの行動化の背景には、施設入所前からの家族・親子関係も大きく影響していると考えられる。また、家庭復帰できなかったことに起因する親への不満や不信感を抱いている子どももいる。そのため、親への不満に対するケアを中心とした、生い立ちの整理を含む《親への感情の整理》を可能な範囲で進めていることがわかった。また、子どもが家庭復帰を強く希望している場合は、《家庭復帰の可能性の模索》を行いながら親子関係調整を図っていることがうかがえた。

具体例：●自分がどこで生まれてどんな子だったかは知らないっていうことがあったんで、その子のライフストーリーがどうなっているかの整理を今ここにいる間にやった方がいいんじゃないかと。自分がどうして施設で育つことになったのかの説明ですね。（事例6）●お姉ちゃんと暮らしたいんです。でもそこに赤ちゃんたちもいて、かわいいけど自分には行くところがないんやなと寂しそうに話すんです。一緒に住めなくても、何らかの形で交流を持つことはできないかと児童相談所とも相談しながら進めました。（事例8）●お母さんが亡くなって、その後、自分が子どもだった時の話や、なぜ自分が施設に預けられたのかについて、継父にも訊けなくて…この子がどんな風に育ってきたかの情報がない。でも流行りじゃないけど、やっぱりこの子がどう育ってきたのか「生い立ちの整理」をしてあげることが必要だと思って。（事例11）●問題の根っこというのは、お母さんと本人との関わりだと思ったので、うちで子どもに治療しても家に帰ってから同じだったら意味がない。なので、お母さんへのアプローチというのを特に気をつけました。（事例12）●お母さんの精神疾患がすごく強くて。そういうお母さんを見てて「自分もそうなっちゃうんじゃないか」という怖い妄想を抱えてて「普通になりたい」って必死で生きてる。そこからくる問題は根深いです。でもお母さんのことを嫌いじゃないんです。むしろ好きなんですよね。仲良くしたいと思ってる。そのあたりを尊重して、どう親子再統合していくか。（事例14）

6. 子どもの行動上の問題による措置変更の全体像

ここまで考察してきた「子どもの行動上の問題による措置変更プロセスの全体像」を図式化すると図3-13のようになる。

1) 子どもの行動化と生育歴との関係

このタイプの措置変更となる子どもの多くが、《複数の施設入所歴》、被虐待体験、《発達障害》や《知的障害》等、非常に複雑で深刻な生育歴を持つことが明らかになった。措置変更が検討されるに至った直接の理由は、非行や性加害等といった〈外在化した子どもの行動〉であるが、その背景にある措置変更前からの《保護者との交流不足》等をはじめとする「不適切または不安定な親子関係」や措置変更前の《施設での被害体験》等について十分理解した上でケア・支援を行わなければ、根本的な問題の解決や本人の成長発達にはつながらないといえよう。

また、措置変更の時点で、〈外在化した子どもの行動〉の背景への理解や共感が乏しいまま措置変更の理由説明や準備が進められることによって、子どもの不満や不安が増大することも語りの中からうかがえた。しかし、こうした子どもの不満に対して、行動化に対する〈内省の促し〉や新生活で獲得できるスキルの強調等を通した〈エンパワメント〉といった関わりを通して、不満を抱えたままではあるものの子どもの気持ちは〈不満から諦めへ〉と変化し、措置変更に対して「最低限の納得」ともいえる心境になっていくとのことである。

ここでの説明が曖昧である等、措置変更に至るプロセスへの疑問や不満が大きいと、子どもの中で、《措置変更理由の理解促進》がうまくいかず、「措置変更理由の理解が困難」という不満が残り、その後の生活に前向きになれなかったり、変更先施設で強く反発・反抗したりする等といった影響が出てくる。

2) 子どもにとっての措置変更と提供される支援・ケア

上述した「最低限の納得」の上で措置変更となった子どもにとって、措置変更とはどのような意味を持ち、どのような支援が提供されるものなの

第３章　施設職員が語る「措置変更」のプロセス

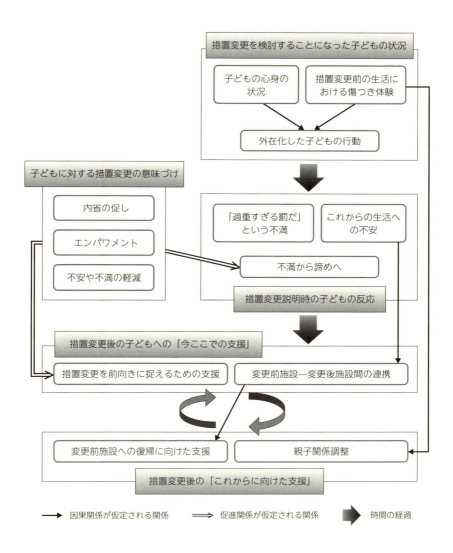

図3-13　職員が語る子どもの行動上の問題による措置変更プロセス

か。

　措置変更によって、生活の場や人間関係が変わるため、子どもにとって〈これからの生活への不安〉は大きい。しかし、措置変更準備期間から、変更先施設による施設見学や面会といった《つなぎ支援》や、変更前の施設による丁寧な対話や励まし等の《見捨てられ不安へのケア》といった〈不安や不満の軽減〉を意図したアプローチが行われることによって、不満・不安は少し軽減される。

　また、新生活での《目標の明確化》等の〈エンパワメント〉のための支援が行われることによって、不安や不満を残しながらも、子どもは措置変更に対して少しは前向きな気持ちになることができるという。

　措置変更後は、まず、変更先施設での《丁寧なアドミッション・ケア》が子どもに提供されることによって、不安の軽減や新生活への動機づけ等が行われる。次に、措置変更の理由となった〈外在化した子どもの行動〉に焦点を当てた《個別ニーズの理解と支援》が、〈変更前施設―変更後施設間の連携〉のもとで実践される。

　措置変更で受け入れた子どもへの支援・ケアにおいて、〈変更前施設―変更後施設間の連携〉は非常に重要であるといえる。その理由として、変更前施設への復帰を期待している子どもが多いこと、子どもにパーマネンシーを保障できるような適切なケアを行うためには、子どものこれまでの育ちを知っている養育者の存在が重要であること、の2点が挙げられる。

　そのため、変更先の施設では〈変更前施設への復帰に向けた支援〉が様々な形で展開されると共に〈親子関係調整〉を含めた生い立ちの整理（ライフストーリーワーク）が積極的に実践されようとしている。

3）措置変更と子どもの「見捨てられ不安」

　先述したように、措置変更となった子どもの中で「前いた施設に戻りたい」という希望を持つ子は少なくない。それだけ、前いた施設や職員への愛着が強いことがうかがえる。しかし、自分の行動が原因となってその施設を追い出されてしまった。自分の行動が原因とはいえ「見捨てられた」という悲しみやショックが子どもを襲い、子どもの情緒や行動をさらに不

安定にさせる可能性も小さくないという。

　そのため、措置変更の準備段階や措置変更後において、子どもの「見捨てられ不安」へのケアが〈不安や不満の軽減〉や〈措置変更を前向きに捉えるための支援〉として何重にもわたって行われている。まず、措置変更前の説明や意味づけの段階におけるケアである。これは、変更前施設の役割である。具体的には、「措置変更で見捨てたわけではない」という説明や、変更後の定期的な交流の約束等が行われる。しかし、実際には、変更後次第に面会の頻度が減ったり、再入所の受け入れを断ったりする等によって「子どもの見捨てられ不安」が増長されるケースも少なくない。そのため、措置変更を受け入れた施設では、〈変更前施設への復帰に向けた支援〉として《つながりの保持》や《子どもの代弁》を積極的に行おうとしていた。

　子どもが、自身の生育歴の中で抱えることになった課題に向き合い、克服していくためには、その時に関わる施設職員や専門職だけではなく、過去にその子どもの養育に関わったあらゆる大人が一緒に子どもを支えるという関わりが必要であり、そうした《ケアの継続性への配慮》をどう具現化していくかは大きな課題といえよう。

第3節　必要な治療や指導を終えた後の措置変更

　本節で考察する措置変更は、児童心理治療施設や児童自立支援施設において必要な治療や指導等を終えた後、より枠の少ない、かつその子にとっての「より良い生活」を保障できるような施設への措置変更である。したがって、本節で分析対象とした事例の変更前の施設はすべて児童心理治療施設か児童自立支援施設であり、措置変更先は、児童養護施設や児童心理治療施設、障害児施設である（表3-5）。

　インタビューによって得られたテキストデータを分析した結果、66のコードを抽出した。その後、それらのコードを24のサブカテゴリーにまとめ、またそれらを10のカテゴリーにまとめた。さらにそれらのカテゴリーから5つのカテゴリーグループを生成した（表3-6）。

以下、カテゴリーグループを【 】、カテゴリーを〈 〉、サブカテゴリーを《 》を用いて、それぞれの内容について説明していく。

表 3-5　必要な治療や指導を終えた後の措置変更

	措置変更	年齢	変更理由	施設入所理由等	他施設入所歴	特記事項
事例 1	自立→養護	15	高校進学 きょうだい 再統合	両親拘留・受刑	養護 1→自立 →養護 2→自立	親も同じ自立施設経験者
事例 2	自立→養護	12	中学進学	虐待経験あり 養育者の蒸発	養護 1→養護 2→自立	前にいた施設に再措置変更、広汎性発達障害、療育手帳 B2
事例 3	自立→養護	15	高校進学	養育者行方不明	乳児→養護→自立	療育手帳 B2
事例 4	治療→治療	15	治療終結 保護者の転居	義父から 性的虐待	養護→治療 1→治療 2	健康良好、障害等なし
事例 5	治療→治療	12	年齢超過	ネグレクト 性的虐待	家庭→治療 1	アスペルガー、小 6 までしか在籍不可の施設
事例 6	治療→養護	15	治療終結 高校進学	妹への性加害	家庭→治療	療育手帳 B1
事例 7	治療→養護	15	治療終結 高校進学	身体的虐待 ネグレクト	乳児→養護 1→養護 2→治療	心身症、自傷行為
事例 8	治療→障害	13	治療終結 生活の幅を広げる	養育困難	乳児→養護→治療	療育手帳 B2、はしもと病
事例 9	治療→障害	16	治療終結 生活の幅を広げる	養育困難	家庭→治療	療育手帳 B1、登校渋り、アスペルガー
事例 10	治療→障害	12	年齢超過	ネグレクト	家庭→治療	療育手帳 B2、小 6 までしか在籍不可の施設

※自立：児童自立支援施設、養護：児童養護施設、治療：児童心理治療施設、障害：障害児施設

第3章　施設職員が語る「措置変更」のプロセス　　103

表3-6　「必要な治療や指導を終えた後の措置変更」カテゴリー一覧（事例数10）

カテゴリーグループ	カテゴリー	サブカテゴリー	コード（数）
措置変更を検討することになった理由と背景	措置変更前の生活における子どもの傷つき体験	複数の施設入所歴	乳児院経験（3）、複数の児童養護施設（2）、複数の児童心理治療施設（2）
		保護者との交流不足	没交渉（4）、不安定な交流（4）、面会不可能な状況（2）
		保護者からの虐待体験	ネグレクト（10）、性的虐待（2）、身体的虐待（2）
	措置変更の理由	子どもの成長や課題達成	中学進学（3）、高校進学（4）、治療終結（6）
		施設や家族の事情	中学校がない（2）、児童相談所からの提案（5）、家庭復帰困難（10）、家族との再統合（2）
措置変更に対する親子の反応	子どもが抱く諦めや不安	家庭復帰への期待と諦め	児相や施設に対する家庭復帰の可否に関する質問（7）、保護者への訴え（4）
		措置変更への不満	家庭復帰でないことへの不満（6）、変更先施設種別への不満（3）
		措置変更への不安	新しい人間関係への不安（5）、家族の面会が減ることへの不安（4）、施設職員との分離への不安（6）
	保護者のネガティブな反応	引き取れないことへの葛藤	引き取りへの意欲の表現（4）、親としての無力感の表現（2）
		無関心な態度	連絡がつかない（4）、説明時の反応の薄さ（2）、面会への意欲の低さ（3）
措置変更準備期間に行う支援	支援の継続性への配慮	前籍施設への復帰支援	頻繁なケース会議（5）、子どもの成長や変化の伝達（4）、本児の希望の代弁（4）
		変更前施設によるアフターケア計画の提示	変更後の交流の約束（5）、SOSの出し方の伝授（2）、
		変更前施設―変更後施設間の連携によるならし交流	複数回にわたるならし交流の実施（4）、事前の施設見学（3）、新しい担当予定職員との面接（4）
	子どもの自己実現と措置変更との関連づけ	自立に向けた目標設定	生活スキルの習得（5）、コミュニケーションスキルの習得（7）、進学や学校継続の目標（5）
		努力の成果であるとの意味づけ	本人への賞賛と承認（6）、他児への説明（4）
措置変更直後の支援	見捨てられ不安へのケア	変更前施設職員による訪問や通信	定期的な施設訪問（7）、アフターケアとしての相談支援（5）、誕生日や行事等での交流（4）
		ライフストーリーワークの協働	アルバムや援助記録の整理と共有（5）、児相と連携してのライフストーリーワーク（3）

措置変更直後の支援	子どもの個別ニーズへの支援の準備	家族関係調整	保護者面会の計画的実施（4）、保護者への働きかけ（2）、きょうだい関係再構築の支援（2）
		社会に適応できる力の育成	性教育の導入（3）、被害経験へのケア（3）、進学支援（2）、SST（6）、ベテラン職員による個別対応（3）
円滑な措置変更プロセスの阻害要因	ケアの継続性の保障が困難	受入先施設の確保が困難	子どもの希望する施設の受入困難（4）、情短／児童自立出身者への先入観（4）
		自立（18歳）まで見られない葛藤	小6での措置変更（2）、中3での措置変更（5）、本人の継続意志を尊重できない（3）
		措置変更後の交流が不可能	変更先施設からの制限（5）、児相の方針としての交流制限（3）、遠方の施設への措置変更（2）
	措置変更に対する子どもや職員の不安の大きさと反応	枠のある生活から枠のない生活へ	施設での社会経験の不足からくる不安（5）、通学への不安（4）
		愛着形成に関する不安	施設職員との分離不安（5）、小舎やユニット制から大舎制施設への移動に対する不安（4）

1.【措置変更を検討することになった理由と背景】

　児童自立支援施設や児童心理治療施設からの措置変更を検討する理由と背景については、まず、〈措置変更の理由〉と〈措置変更前の生活における子どもの傷つき体験〉が挙げられた（図3-14）。

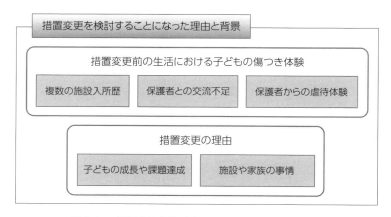

図3-14　措置変更を検討することになった理由と背景

第3章　施設職員が語る「措置変更」のプロセス　　105

1）〈措置変更前の生活における子どもの傷つき体験〉

　まず、ここで分析対象となった事例のほとんどが、2回以上の措置変更を経験しており、複数回にわたる見捨てられ体験をしていることがわかる。これは第2節において述べた《行動上の措置変更》の事例とも共通している。

> **具体例**：●前の児童養護施設で他児への暴力で措置変更になってます。（事例1）●広汎性発達障害の診断が出ています。暴れる、噛みつく、獣になる。（事例2）●生まれてすぐに乳児院、2歳からずっと児童養護施設。（事例3）●養育者が失踪後、里親家庭を2つ経験しています。（略）非行、事件、犯罪をして警察を経由して、最初の施設入所に至っています。（事例4）●親に捨てられて、児童養護施設で問題行動して見捨てられて、別の施設行って同じこととして…。（事例7）

　また、施設での治療や指導終結後に家庭復帰とならない《保護者との交流不足》や《保護者からの虐待体験》等といった、養育環境の調整ができなかった状況にあることもすべてのケースに共通している。

> **具体例**：●措置変更検討時、両親共に受刑中でした。母親の方は家にいる期間もあったりして、面会や交流ができていた時期もあったんですが…刑務所を出たり入ったりしていて、親子交流も続かないんです。（事例1）●実母が結婚、出産、家出、離婚、再婚を繰り返す。継父からの身体的虐待も。現在は養育者不在の没交渉。（事例7）●実母が精神的にかなり不安定な方で、自分が子どもを産んだってことを認められないレベルです。なので、親子で面会しても会話にならない。（事例9）

2）〈措置変更の理由〉

　措置変更の理由としては、子どもにとって必要な治療や指導が終了したという《子どもの成長や課題達成》と、家庭復帰させられない「家族の事

情」や、治療がまだ終わっていないにもかかわらず入所を継続させられない「施設の事情」といった《施設や家族の事情》があった。

> **具体例：**●変更理由は、中学進学を機にというのと、前にその施設におったからということですね。（事例2）●1つは治療が終了したということ。もう1つは保護者が〇〇県に引越しされたので、家族交流等含めて考えた時に本人にとっても〇〇県の施設の方が良いだろうと。（事例4）●年齢超過ですね。うちは小6になったら出なきゃいけないっていうのは彼もわかっているので。（事例10[1]）

2.【措置変更に対する親子の反応】

措置変更に対する親子の反応として〈子どもが抱く諦めや不安〉と〈保護者のネガティブな反応〉があった（図3-15）。

1)〈子どもが抱く諦めや不安〉

子どもに措置変更について伝えた時の反応として、まず「家庭復帰できると思っていたのにできなかった」という期待を裏切られたような失望感や諦めとして《家庭復帰への期待と諦め》を表現する子どもがいるとのことであった。

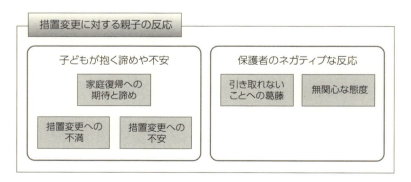

図3-15　措置変更に対する親子の反応

第3章　施設職員が語る「措置変更」のプロセス　　107

> **具体例：**●ここを出たらどうしようかという話になって「家に帰って家から高校に通いたい」っていうので、そのように児童相談所にも相談したら、それは無理やと。じゃあまた施設か…ってその後黙り込んでしまいました。（事例3）●この施設を出る時は家に帰る時って思ってた節があったんです。なので、家庭復帰ではなく措置変更ということに納得したかどうかはわからない。説明は尽くしたけれど。本人も「それやったら…」という反応だったけど、内心「騙された」というのはぬぐえなかったと思いますね。（事例5）●家に帰りたかったんです。帰れると思ってたようなんですが、親が引き取れる状況にないことを説明して…その時の落ち込みはすごかったです。（事例6）

　家に帰りたいという希望がかなわないこともベースとなり、他施設への措置変更に対する不満や不安を《措置変更への不満》や《措置変更への不安》として表現する子どももおり、そうした不満や不安へのケアも措置変更プロセスでは大切になってくる。

> **具体例：**●自分がこの施設を出ていったら、自分の部屋がなくなるのがいややわって。やっぱりそれなりにうちの施設にも愛着を持ってくれたみたいで。結構寂しそうでした。（事例7）●措置変更に対しては喜び半分、でもその一方でずっと生活してきたこの施設への愛着からの寂しさや迷いみたいなのもあるみたいで。やっぱり寂しいとかいうようになりましたね。（事例8）●本人の中で「児童養護施設じゃなくて障害児施設なんや」っていうのは、不満というか不服だったようで、なんでなんやと何回も訊かれました。（事例10）

2）〈保護者のネガティブな反応〉

　保護者のネガティブな反応として、まず「できれば引き取りたかった」という家庭復帰がかなわない《引き取れないことへの葛藤》が挙げられた。

> **具体例：**●親子共に「中学卒業したら…」と期待していた家庭復帰が

実現しなかったというのは、ショックだったようです。自分（親）が悪いのか、この子が悪いのか、みたいなイライラした感じで訊かれました。（事例6）●親から強い引き取りの希望があったんですけど、今の状況では無理ですよねと。経済的な問題とかあれこれ1つひとつ具体的に説明しました。その中で親の方からは、今より遠い施設へ行く不安とか、引き取りたいのに引き取れないジレンマとかぶつけられました。それでも「その施設がその子にとって必要なんだ」ということを根気強く説明、説得していってしぶしぶ納得という形でしたね。（事例9）

また、《無関心な態度》を示す保護者もいるため、子どもの成長や今後の再統合や自立支援についていかに家族に関心を持ってもらえるかも支援として重要になる。

具体例：●たとえ今は一緒に住めなくても、この子にとって、家族が会いに来てくれることが安心につながる大切なことだと思ったので、毎週会いに行くようお願いしますと親御さんには伝えました。でもなんだか「ふーん」という感じで、反応がないんですよね。（事例1）●保護者には、本人の能力にあった施設に措置変更しますって児相から説明してもらいました。施設も直接やりとりしましたが、関心ないんですよね。まあいいんちゃう、ぐらい。でもいずれは、保護者の住む地域で自立することになると思うので、保護者だけでなくきょうだいも巻き込んで、何とかこの子と家族との関係を作っていきたいと。（事例8）

3.【措置変更準備期間に行う支援】

　措置変更準備期間に子どもに行う支援としては、〈支援の継続性への配慮〉〈子どもの自己実現と措置変更との関連づけ〉があった（図3-16）。

第3章　施設職員が語る「措置変更」のプロセス　　109

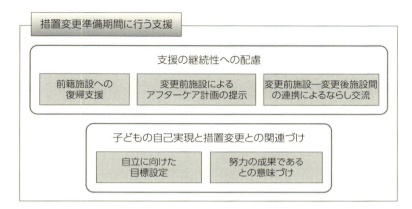

図 3-16　措置変更準備期間に行う支援

1)〈支援の継続性への配慮〉

　支援の継続性への配慮として、まず、児童自立支援施設や児童心理治療施設への入所に至る前に、児童養護施設に在籍していたケースの場合は、「できれば前にいた施設に戻りたい」と希望する子どもの代弁者として、《前籍施設への復帰支援》として施設職員が前籍施設に再受け入れの打診を行っていることが明らかになった。

> **具体例：**●最初はずっと、その子の再入所についてNoっていうてましたからね。でも何とかしてそいつを前にいた施設に返してやりたい。本人がそれを強く望んでいることはうちに入所する前から明白やったんでね。だから、うちの職員がみんなで彼のことを褒めて認めて、よく我慢できるようになったしと。ここで帰してやってくれと。本人も帰りたいっていうてるしと。何度も頼みました。一回うちに見に来てやって下さいともいいました。でも向こうも忙しいようでなかなかうちに足を運んではもらえなかった。それでも何とか彼の頑張りを理解していただいて、「うちの施設に来て、彼はこんなに変わりました。彼の力をもう一度信じてあげて下さい」って。(事例2)●児相に早めに「この子を養護に」って早い段階からいってはおくんです。で、

児童相談所からも先方の施設にプレッシャーかけてもらうじゃないで
すけど…。（事例6）●児童養護施設でやっていけるように、色んな
経験、練習を。コンビニ一人で行っていいよとか、図書館まで一人で
行っていいよとか。情短って活動範囲がかなり狭いとこでやっている
ので。で、児童養護施設さんに「こんなにできるようになったから大
丈夫です。引き受けて下さい」って頼みに行くんですよ。（事例7）

　また、子どもにとって、児童自立支援施設や児童心理治療施設への措置
変更が当初は不本意だったものの、やはりそこでの「自分の頑張り」を
知ってくれているのは、ここの施設の職員だという安心感みたいなものも
あるという。そのため、措置変更後も施設職員との交流ができるのかとい
う不安を表現する子どももいる。そのため《変更前施設によるアフターケ
ア計画の提示》を具体的に行うことによって不安を軽減しようとしている
とのことであった。

具体例：●施設から追い出すような感じにはしたくない。措置変更に
対して、色々と不安や不満もあるとは思うけど、最終的に本人が自分
の言葉で「新しいところで頑張って生活するわ」といえるような状況
を作れるようにと。そのためにも「ずっと応援していく、見守ってい
く」というメッセージはとても大切だと思います。（事例3）●大事
にしたいのは、一方的に決める、措置変更を押し付けるのではなくて
一緒に決めていくということ。今回は児相からの命令みたいな形では
あったんですけど、それでも一緒に決めていって、本人の気持ちも尊
重しながらやっていったということが子どもの安定につながったと。
その中で、変更後の交流や面会のことなんかも一緒に決めていきまし
た。（事例10）

　児童自立支援施設や児童心理治療施設からの措置変更は、乳児院からの
措置変更と同様に「措置変更までの準備期間が比較的確保しやすい」とい
う特徴がある。そのため《変更前施設―変更後施設間の連携によるなら

し交流》のような導入的支援を行うことも多いようである。

> **具体例：**●施設職員や本人と相談しながら、本人にとって使いやすい形の食器や希望している部屋のグッズ等の準備をしました。（事例1）●担当保育士と一緒に来てもらって、こっちの児童養護施設での生活へのならしを3～4回は行いました。（事例2）●施設見学だけでなく、通うことになる学校見学もするようにしています。（事例6、事例9）●カンファレンスを複数回行って、本人も同席させたりして。遠方への措置変更だったので、本人の障害特性や症状等の情報共有を図ると共に、医療機関への引継ぎもしっかりしました。（事例8）

2）〈子どもの自己実現と措置変更との関連づけ〉

　子どもの自己実現と今回の措置変更とを関連づけることによって子どもをエンパワメントしようとしていることがインタビューからうかがえた。その一環としてまず、《自立に向けた目標設定》が行われていた。

> **具体例：**●情短の中では、どうしても施設内でうまく人間関係を作っていくのかが支援の中心になります。しかし、これからは施設内でうまく生きていくためのスキルではなく、出てからうまく生きていくためのスキルという風に目的や目標をシフトチェンジしていくことをしっかり伝えます。（事例6）●「学校毎日行こうね」「お友達と仲良くすること」等、わかりやすく、その子にあった目標を一緒に立てていきます。新しい施設に少しでも前向きな気持ちで移動できるように。（事例8）

　また、児童自立支援施設や児童心理治療施設といった一定の枠のある生活から、枠の少ない施設に移動するということで、今回の措置変更がその子にとって《努力の成果であるとの意味づけ》を強調して行うといった配慮も行われていた。

> 具体例：●それまでふらふらと落ち着きなかった本人が自分から「弟のいる施設から高校行きたい」といい出して、勉強頑張ったんです。そういう頑張ってる姿を弟にも見せたかったんかなと。（事例1） ●他の子にも、この施設でよく頑張ったので退所することになりました、ということで説明しています。（事例6） ●家には帰れないことがわかっていたケースだったので、何とかしっかり勉強して学力つけて高校に行ってもらうと、それを目標にして取り組みました。一生懸命頑張って勝ち取った高校進学と児童養護施設への措置変更ということで、本人もそれなりに達成感というかステップアップのような気持ちだったと思います。（事例7）

4.【措置変更直後の支援】

措置変更直後にアドミッション・ケアの一環として行われる支援として、〈見捨てられ不安へのケア〉と〈子どもの個別ニーズへの支援の準備〉が行われていた。なお、これらの支援の基盤には、措置変更準備期間から丁寧に行われてきた〈支援の継続性への配慮〉が存在する（図3-17）。

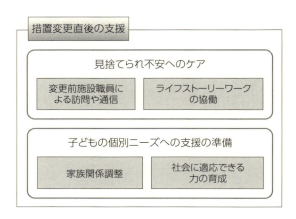

図3-17　措置変更直後の支援

第 3 章　施設職員が語る「措置変更」のプロセス　　113

1)〈見捨てられ不安へのケア〉

　子どもが措置変更前の施設から放り出されたり、見捨てられたりしたわけではないことを実感してもらうために、《変更前施設職員による訪問や通信》等の支援が積極的に行われていることがうかがえた。

> **具体例：**●とにかく子どもが、前の施設や職員さんのことが大好きで。「将来あそこの施設で働きたい」というくらい。だから、今も前の施設の職員とは定期的に面会や外出をしてもらっています。こっちの施設でも落ち着いて生活できているのは、前の施設の存在が大きいと思います。（事例1）●定期的に電話はさせてもらっています。子どもにも「切れてしまったわけではないんだよ」と話をして。（事例3）●担当職員が個人的に勤務外で定期的に様子を見に会いに行ってくれています。元気にやっているようです。（事例6）

　また、措置変更によって生活する場や養育者、環境は変わってしまったけど、それぞれの立場からその子どもの自立を応援するための1つのチャレンジとして、できるケースでは《ライフストーリーワークの協働》が変更前の施設と変更後の施設との連携のもとで行われることもあるという。

> **具体例：**●措置変更先の児童養護施設に、この子がうちの施設で何を頑張っていたのか、どういうところが成長したのか等、こまかく記録にして、わかりやすく丁寧に伝えるようにしています。変更先の施設職員がこの子の今までの人生や過去のことを何にも知らないというのも何か違う気がして。（事例2）●ライフストーリーという形で、この子が前の施設でどんなことをしていたのか、何を課題に頑張ってきて、できるようになったかっていうのと、新しい施設行ったら、こういうことを頑張ろうねという話を本人と変更先の職員さんと一緒に継続して行っています。（事例8）●乳児院さんほど丁寧なのはなかなかできないですけど、写真や記録をきれいに整理してアルバムみたいにして持たせるようには努力しています。（事例9）

2)〈子どもの個別ニーズへの支援の準備〉

インケアとして子どもの個別ニーズに対応した支援を本格的に開始する前の準備段階として、まず、《家族関係調整》として、家族や保護者の現在の状況を理解するための支援が行われていた。

> **具体例**：●前の施設ではあまりしてもらえてなかったみたいなんですけど、家族との面会をやってみたんです。県外で遠くて大変だったんですけど。定期的にやりとりをずっと続けていたら、家族と施設の関係も良くなったし、子どもも家族も施設のことを信頼してくれるようになったし、何より本人の気持ちがほんまに安定した。家族の力を借りつつです。（事例5）●本人としてはもともと「家に帰りたい」という気持ちがあって、それが無理ならせめて外泊したいという思いが結構強かったので「今帰れる状況じゃないんや」っていう話をずっと粘り強く説明しています。（事例9）

また、性加害や非行等本人にクリアすべき課題がある場合は、前の施設との情報共有を大切にしながら、《社会に適応できる力の育成》を目標とした個別支援の準備を進めていることが明らかになった。

> **具体例**：●最初の3日くらいはベテランの保育士が担当っていうか、主に中心になって関わるように工夫はしました。その中でここでの生活の目標、学校に行くこと、やってはいけないこと等を確認していきました。（事例3）●性教育って、始める前に職員との信頼関係を構築する必要があって、そこがすごく大事なんですよ。それに5年くらいかかることもあるのに、それじゃ時間が足りなくて。だからなるべく早くスタートできるよう、入所当初から関係作りを心がけました。（事例6）

5.【円滑な措置変更プロセスの阻害要因】

円滑な措置変更、というのはなかなか難しいと思うが、措置変更のプロ

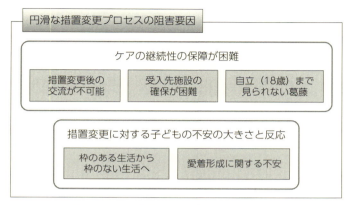

図3-18 円滑な措置変更プロセスの阻害要因

セスを阻害されていると感じる課題として〈ケアの継続性の保障が困難〉と〈措置変更に対する子どもの不安の大きさと反応〉が挙げられた（図3-18）。

1）〈ケアの継続性の保障が困難〉

措置変更が必要な時期が近づき、変更先の施設を探す時に、なかなか受け入れ先が見つからず《受入先施設の確保が困難》という壁に直面することがあるという。

> 具体例：●小舎制やグループホームでやってる児童養護施設だと、定員上空きがあっても、子どもの年齢や性別、特性なんかによっては、引き受けにくい状況があると思うんです。そんなこともあって、子どもが希望していた児童養護施設には戻れなかったりとか。（事例1）
> ●基本的に、情短にいてるケースっていったらそれだけで大変だっていわれるし、実際そこそこ大変なんで。イメージでまず嫌われるなというのはあるし。（事例8）

また、本当は措置変更したくないという思いの職員もいて、「制度上は

OKなのに、実際には高校進学のタイミングで措置変更に出すことが多い」ということで《自立（18歳）まで見られない葛藤》を児童自立支援施設や児童心理治療施設の職員が抱えることがあることがうかがえた。

> **具体例：●**児相としては、情短の入所定員枠を空けたいというのがあるんですよね。一人の子を長く見るのではなくて。他の子を入れるために。僕らがどれだけ「ここでもっとこの子を見たい」といっても、それはここだけの問題やなくなっているんやからということで。（事例6）**●**本当はその子はうちの施設から高校に通いたかったんだと思います。なのに児童相談所からの説明で措置変更に。「見捨てられる」って思ったら、子どもは捨て身で色んな問題を起こしてくるんで。その取扱いっていうのは非常に難しいなと。（事例7）**●**うちとしては、うちから自立させたかったんですけど。児童相談所の方針ということで、中3で措置変更になりました。（事例7）

　また、措置変更説明時に子どもが見せた「見捨てられ不安」へのケアの一環として、変更後もアフターケアとして関わり続けたいと思う施設職員はいるものの、ケースによっては《措置変更後の交流が不可能》なこともあるという。

> **具体例：●**元気でやっとるかなって会いに行ったら「人を殴ったばかりで面会謝絶です」って。会わせてもらえず、わけわからんと帰って来ました。（事例2）**●**制度的に「措置変更したら終わり」みたいなところが流れとしてはあるように思えて、アフターケアしたいという思いはあっても現実には厳しいです。（事例7）**●**ある意味、あんまり変に関わって欲しくないっていう気持ちが相手の施設にはあるとは思うんですけど。なんか変に期待させちゃって、また戻ってこれるのかなと思われるっていうのがあるんで。でもじゃあまったく関わらないのはどうなのかなって。こちらとしては葛藤しています。（事例9）

2)〈措置変更に対する子どもや職員の不安の大きさと反応〉

　児童自立支援施設における小舎夫婦制による養育や児童心理治療施設のような総合環境療法による養育が行われていない児童養護施設等に措置変更するにあたって、いわゆる《枠のある生活から枠のない生活へ》移動することへの不安や、《愛着形成に関する不安》を子どもも職員も抱くことがあるという。

具体例：●なんだかんだいっても、結構手厚いというか、マンツーマンに近い形で見てきているわけなんですよね。だから正直いうと大舎制の児童養護施設に変更する時は「大丈夫か？」っていう不安はあります。実際に子どもも変更後に不安がって電話してきましたし。（事例2）●措置変更先の施設の大人に期待したい部分はあるんですけど、なかなか僕らはそれをコントロールできないじゃないですか。もっとCSP（コモンセンスペアレンティング）のことを学んで下さいとかなかなかいえないので。せっかくうちの施設で子どもの中に積み上げたものが崩れてしまうのではないかという不安。（事例6）

---

6. 必要な治療や指導を終えた後の子どもの措置変更プロセスの全体像

　ここまで考察してきた「必要な治療や指導を終えた後の子どもの措置変更プロセスの全体像」を図式化すると図3-19のようになる。

1)「子どもの努力と我慢の成果としての措置変更」であるがゆえの
　　不満や不安とそこへのケア

　このタイプの措置変更では、《複数の施設入所歴》において、暴力や非行等といった「自分の行動」が原因による措置変更を経験した子どもが多いことが特徴の1つである。そのため、現在いる施設において、前の措置変更の理由となった「自分の行動上の課題」に向き合い、必要な治療や指導を終えて《子どもの成長や課題達成》がなされたということが、措置変更を検討するきっかけになっている。またその一方で、施設の設備や提供できる支援の限界、家庭復帰できない状況等といった《施設や家族の事

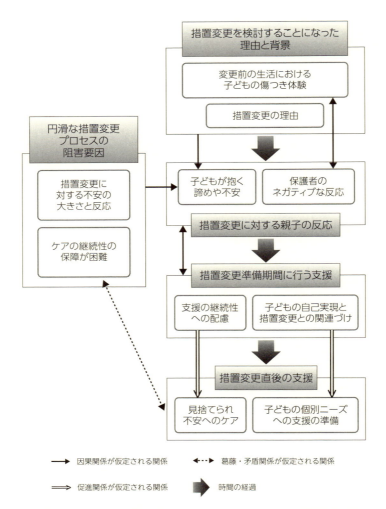

図 3-19　職員が語る「必要な治療や指導を終えた後の子どもの措置変更プロセス」

《情》もまた措置変更の一因となっている。

いずれにせよ、今回の措置変更がその子にとって《努力の成果であるとの意味づけ》をしっかりした上で、次の施設における《自立に向けた目標設定》を措置変更の準備期間から行う必要がある。

子ども本人の努力の成果としての措置変更であることも鑑み、児童自立支援施設や児童心理治療施設の職員は、子どもの希望をかなえるべく《前籍施設への復帰支援》を行おうと努める。しかし多くの場合《受入先施設の確保が困難》であるという壁にぶつかり、子どもが希望する施設への措置変更の実現は難しい。

また、子どもの中には施設を退所するにあたって、措置変更ではなく家庭復帰を希望する子どももいる。しかし、保護者の中には、子どもの成長や措置変更に対して《無関心な態度》を示す者がいると共に、引き取りたいという意欲はあるものの実際には不可能で《引き取れないことへの葛藤》を抱いている者が多い。こうした保護者の状況と現実に触れ、子どもは《家庭復帰への期待と諦め》の葛藤した気持ちを抱くことがある。そのため、措置変更後の《家族関係調整》もとても重要になってくる。

こうしたプロセスの中で、子どもは《措置変更への不満》や《措置変更への不安》を強く抱くことも想定されるため、先述した《自立に向けた目標設定》等を通して、少しでも明るく前向きな気持ちで措置変更に臨めるよう支える必要がある。

2) パーマネンシーに配慮した関わりをしたい施設の思いと現実とのギャップ

子どもには《複数の施設入所歴》や、《保護者との交流不足》や《保護者からの虐待体験》があることから、施設としてはこれ以上子どもの傷つき体験が蓄積されないように〈見捨てられ不安へのケア〉をしっかり行いたいと考えている。そのため、措置変更準備期間から《変更前施設によるアフターケア計画の提示》や《変更前施設—変更後施設間の連携によるならし交流》が実施され、〈支援の継続性への配慮〉に努められていた。また、措置変更直後には《変更前施設職員による訪問や通信》や《ライフス

トーリーワークの協働》といった支援が行われることもあるという。

しかし、ケースによっては《措置変更後の交流が不可能》な現実に直面することもあり、施設職員が〈ケアの継続性の保障が困難〉だという葛藤を抱くこともある。

3) 児童自立支援施設や児童心理治療施設を経験した子どもの自立支援

先述したように、このタイプの措置変更の子どもは複数の措置変更を経験してきていることが多い。そうした《複数の施設入所歴》による傷つきからの回復を支えてくれた、児童心理治療施設や児童自立支援施設の職員や施設生活に愛着を感じている子どももいるという。そのため、職員も子どもも〈措置変更に対する不安の大きさと反応〉を表現することがある。また、施設職員の中には「もっと長くこの子どもの成長を支えたい」という思いを持ち《自立（18歳）まで見られない葛藤》に悩む人もいる。

しかし、子どもが変更先の施設で新しい生活に適応し、《社会に適応できる力の育成》が可能となるよう、変更先の施設に必要な情報提供をしっかり行い、子どもの成長や自立支援を間接的にでもサポートしたいという職員の思いがあらわれていた。

第4節　母子生活支援施設における子どもの措置変更

本節で考察する措置変更は、母子生活支援施設における措置変更である。つまり「母子分離」及び「母子再統合」のケースである（表3-7）。

インタビューによって得られたテキストデータを分析した結果、45のコードを抽出した。その後、それらのコードを19のサブカテゴリーにまとめ、またそれらを10のカテゴリーにまとめた。さらにそれらのカテゴリーから4つのカテゴリーグループを生成した（表3-8）。

以下、カテゴリーグループを【　】、カテゴリーを〈　〉、サブカテゴリーを《　》を用いて、それぞれの内容について説明していく。

第 3 章　施設職員が語る「措置変更」のプロセス　　121

表 3-7　必要な治療や指導を終えた後の措置変更

	措置変更	年齢	変更理由	施設入所理由等	他施設入所歴	特記事項
事例 1	母子→治療	9	母への暴力きょうだいへの暴力	母の養育力に不安	ショートステイで児童養護施設	ADHD の疑いあり
事例 2	母子→養護	6	母からの虐待他児への暴力	DV からの回避	乳児院→家庭→母子	健康状態良好対人関係で苦慮
事例 3	母子→養護	6	母の恋人からの虐待	DV からの回避	なし	きょうだいは母と同居のまま
事例 4	養護→母子	6	養育環境改善母子再統合	養父からの虐待、面前 DV	乳児院→養護→母子	複数の疾病あり（障害なし）
事例 5	養護→母子	14	養育環境改善母子再統合	養父からの性的虐待	養護→母子	健康状態良好学力も高い
事例 6	治療→母子	11	中学進学準備母子再統合	母の養育力に不安	母子→（養護でショート）→治療→母子	治療は未終結とのアセスメント

表 3-8　「母子生活支援施設における子どもの措置変更」カテゴリー一覧（事例数 6）

カテゴリーグループ	カテゴリー	サブカテゴリー	コード（数）
母子分離を検討することになった理由	当該児童への虐待からの保護	母からの虐待	身体的虐待（1）、心理的虐待（3）、ネグレクト（5）
		母の恋人からの虐待	性的虐待（2）、心理的虐待（3）、身体的虐待（1）
	母による養育困難の訴え	子どもの心身の状態による困難	ADHD（3）、疾病（2）、反社会的行動（5）
		母の心身の状態による困難	母の精神疾患（3）、経済的困難（2）
母子分離の準備段階での母子への支援	子どもの被害感情へのケア	被害者としての不満に対するケア	被虐待経験への不満へのケア（4）、家族等への嫉妬へのケア（2）
		分離後の生活への不安軽減	母との分離への不安（4）、再統合の可能性への不安（3）
	母親の適切な現状認識支援	母子分離に対する葛藤への寄り添い	「母親失格」という自己否定感（2）、親族からのプレッシャー（2）
		分離理由の正しい理解促進	子どもへの責任転嫁の修正（3）、母の養育力との対峙（2）
母子分離時の工夫と困難	母子に関する引継ぎ	施設での生活の様子の共有	子どもの様子の情報提供（6）、子どもの成長の強調（2）
		母/子の行動特性やエピソードの共有	子どもの喜怒哀楽のパターン（4）、母子関係に介入したエピソード（3）

母子分離時の工夫と困難	母子生活支援施設の特性に起因する困難	施設間連携の難しさ	社会的養護の施設の中での特殊性や孤立(5)、広域措置の頻度(2)
		児童相談所との連携の難しさ	入所経路の違いによる困難さ(4)、ケースの見立ての相違(3)、母への視点の相違(2)
		母子支援の両立の難しさ	母親支援の難しさ(3)、子どもよりも母親優先になりがち(3)
母子再統合に向けた支援	再統合のタイミングの見極め	子どもの成長	進学(2)、治療の終結(1)
		母/子の意欲表明	子の強い希望(1)、母の希望(1)
	母子関係再構築のきっかけ作り	母子交流機会の設定	母子面会への同席(3)、分離後の子どもへのアプローチ(2)
		再統合への意欲喚起	母親へのアプローチ(3)、子どもの成長を伝える(3)
	養育環境の整備	母の養育力獲得支援	家事支援(3)、子どもへの関心への促し(2)、居室の整備(2)
		母子の不安の軽減	子どもの緊張の緩和(2)、母親の不安の軽減(3)

1.【母子分離を検討することになった理由】

母子分離を検討することになった理由としては〈当該児童への虐待からの保護〉と〈母による養育困難の訴え〉の2つに大別できた(図3-20)。

1)〈当該児童への虐待からの保護〉

母子分離され他施設へ措置変更される〈当該児童への虐待〉として《母からの虐待》と《母の恋人からの虐待》があった。

> 具体例：●お母さんからの暴力です。暴力の他にも、ご飯を用意して

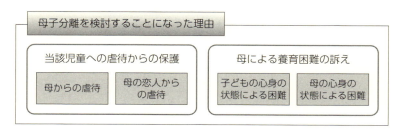

図3-20 母子分離を検討することになった理由

第 3 章　施設職員が語る「措置変更」のプロセス　　123

ないとか、洗濯してなくて着ていく服がないから保育園行けないとか
もあって…。(事例 2) ●母のパートナーからの暴力、虐待です。
ずっと無断外泊や門限を守らない外出の中で、母親がパートナーと
デートしていたみたいなんです。その中でこの子への虐待があったこ
とが本人の話からわかりました。(事例 3)

2)〈母による養育困難の訴え〉

　母親の方から「この子との生活はもう無理」という〈母による養育困難
の訴え〉の中には、《子どもの心身の状態による困難》と《母の心身の状
態による困難》があった。

　《子どもの心身の状態による困難》としては、子どもの家庭内暴力や非
行等があり、そうした子どもの背景にはADHD等発達障害があるケース
もいくつかあった。

具体例：●子どものパニック。お母さんの話だと、思いどおりにいか
ないとものすごいかんしゃくを起こしたり、物を投げたりするらしく、
「もう疲れた」と事務所にいいに来ることが増えました。(事例 1) ●
きょうだいがあと 2 人いるんですけど、ハサミを押し当てたり、暴
言とかどつくとかどんどんエスカレートしていって、お母さんとして
ももう怖いと児相に相談するようになりました。(事例 1) ●他の家
に入って財布からお金を盗んだり、弱そうなお母さんのご家庭の子ど
もに嫌がらせしたりするようになったんです。叩いたりとかもありま
したけど、多かったのは物を隠したり、壊したりとか…それでお母さ
んとしても「もう限界。どうしたらいいかわからん」という話になっ
て。(事例 2)

　《母の心身の状態による困難》としては、母の情緒不安定等によって、
家事や育児がうまくできない、子どもの衣食住や学校の用意等を適切に整
えることができない状況といった内容が挙げられた。

具体例：●お母さんの体調やメンタルの調子が崩れていって、昼夜逆転になってしまったんですね。夜中にずっと起きててゲームをしていたり…。そうすると朝起きられないので、子どもを保育園や学校に連れていくことができない。このままではここにもいられなくなるというお話を何度かさせてもらったのですが…。（事例 2）●結局お母さんとパートナーの関係に振り回されてしまうというか、うまくいっている時は別に大きな問題はないのですが、お金のこととか何かけんかになると、お母さんが情緒不安定になって家のことができなくなる。お母さんからも「面倒くさい」という言葉が出るようになってくると、ちょっともうしんどいかなと。（事例 3）

2.【母子分離の準備段階での母子への支援】

　母子分離の方向で準備をしていくプロセスにおける母子への支援としては〈子どもの被害感情へのケア〉と〈母親の適切な現状認識支援〉とに大別できた（図 3-21）。

1)〈子どもの被害感情へのケア〉

　〈子どもの被害感情へのケア〉として、まず、「自分が虐待を受けた被害者なのに、なぜ理不尽な措置変更に納得しなければならないのか」といった、子どもから表現される《被害者としての不満に対するケア》が行われていた。

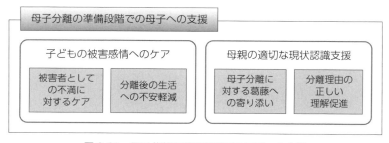

図 3-21　母子分離の準備段階での母子への支援

第3章　施設職員が語る「措置変更」のプロセス　125

> 具体例：●子どもの中で「もっと私を見て欲しい、構って欲しい」っていうのがあったんだと思うんですね。何とかしてお母さんの注目を集めたい、褒めて欲しい、みたいな…それが違う形で出ちゃったり、母子関係がうまくいってるお友達がうらやましかったっていうのもあると思うんです。もう自分でもどうしたらいいのかわからない中で、お母さんと離れなくちゃいけないってことが決まってしまったという残念な気持ちや不満が、表情や態度から伝わってきました。（事例2）
> ●子どもにしたら「お母さんと一緒にいたい、行きたくない」っていう気持ちがあったんですよ。でもお母さんは彼氏と別れる気がその時はなくて。子どもにしたら「自分よりおじちゃんをとるの」っていう怒りが強かったんだと思います。（事例3）

　しかし、子どもがいかに不満を訴えても「母子分離の措置変更」の決定が覆ることはなく、子どもは次第にしぶしぶではあるが、措置変更に納得していくという。しかし、措置変更の日が近づくにつれ、情緒不安定になっていく子どももいるため、《分離後の生活への不安軽減》のための支援が行われていた。

> 具体例：●このまま母子分離になったら、もう2度とお母さんと一緒に住めないかもしれないの？っていう不安が強いように見えました。そういう感じで、ちょっとお母さんの顔色をうかがう状況が多かった。また、措置変更の日が近づくにつれて、低学年の子に高圧的になってみたりとか、イライラしてるんだろうなっていう様子が伝わってきました。（事例1）●自分が児童養護施設に行った後、お母さんはどこで住むの？と何度も訊かれました。母子生活支援施設を出て地域で暮らすことになるのですが「だったら自分も一緒にそうしたい」と。でも今すぐには無理なんだと何度も話をして、児相からも説明してもらいました。（事例2）

2）〈母親の適切な現状認識支援〉

　子どもへのケアと同時進行で、母親に対する個別の支援も行われていた。

　まず、「育てられないが離れたくない」というジレンマに直面する母親がいることから《母子分離に対する葛藤への寄り添い》が行われていることがわかった。

　具体例：●もともとお母さんからの「どこか施設に入れて」という訴えから母子分離を検討し始めたのですが、いざ措置変更の日が近づいてくると「やっぱり頑張ってみようかな」と不安そうに話したり、逆に「あんたらも私にはどうせ子育てなんか無理や！って思ってんのやろ!?」と職員に対して攻撃的に怒鳴って来たりしました。そのたびに、今はちょっと休憩する時なんと違うかなと穏やかに話して納得してもらえるようにしました。（事例2）●子どもと一緒にいたいという気持ちとかじゃなくて、子どもを施設に預けて自分だけ男の人のとこへ行ったら、自分の実家のお母さんが出てきて「あんた母親なのに何やってんの？」って怒られるのが怖いんです。それは困るっていう葛藤が見えて…子どもの立場にしたら共感しづらいのですが、仕事なので、お母さんのそうした気持ちも受けとめながら、でも子どもの気持ちを代弁したり、いずれは再統合ということを話しながら準備を進めました。（事例3）

　また、子どもへの不適切な養育や母親自身の養育力の弱さ等が措置変更理由の背景にあるにもかかわらず、子どもに「あなたが悪い子だから措置変更」と説明している母親もいるため、母親に対する《分離理由の正しい理解促進》につながるような支援も配慮して行われていた。

　具体例：●お母さんは「1年（の分離）」って何度もいってたんですけど、時間的に区切るのではなく、子どもの達成度とかで退所、再統合の時期を考えようと話をしました。（事例1）●お母さんに、あなたの養育がネグレクトだったよっていうのはいえない部分もあって。で

もはっきりいえないけどニュアンスで「虐待だったよ」というのは伝えていかないと、また同じことになってしまうんで…そこは理解してもらえるよう工夫をしました。(事例2)

3.【母子分離時の工夫と困難】

母子分離時の工夫と困難としては〈母子に関する引継ぎ〉と〈母子生活支援施設の特性に起因する困難〉の2つに大別できた(図3-22)。

1)〈母子に関する引継ぎ〉

〈母子に関する引継ぎ〉として、まず、「それぞれの施設での母子の様子」を伝えあうための《施設での生活の様子の共有》が心がけられていた。

具体例:●転校後も、お母さんが子どものことをよく知らないからってことで何度も問い合わせがあったので、子どもの施設での情報なんかを詳しく連絡したり、工夫しました。(事例4) ●母子で同居していた時のイメージのままでは親子関係調整は難しいので、こちらの施設でのお子さんの頑張りとか成長の度合いとか丁寧に伝えることによって、良いイメージを持ってもらえるよう心がけました。(事例6)

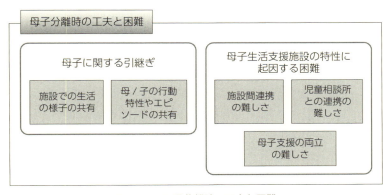

図3-22 母子分離時の工夫と困難

また、《母／子（それぞれ）の行動特性や（それをよくあらわす）エピソードの共有》を施設間で行うことによって、それぞれの施設におけるより良い支援に資するように配慮していることがわかった。

> 具体例：●NGワードじゃないですけど、地雷みたいなものがあるので、その話題は避けた方が良いといった引継ぎはしました。（事例2）
> ●腹を立てたり、落ち込んだりする時や、機嫌を直す時のパターンみたいなものがあったので、それを具体的にお伝えしました。（事例5）

2)〈母子生活支援施設の特性に起因する困難〉

〈母子生活支援施設の特性に起因する困難〉として、「母子生活支援施設は他の社会的養護施設のようなネットワークがない」といった《施設間連携の難しさ》が様々な側面から語られた。

> 具体例：●福祉事務所との関わりは密なんですけど、児童相談所とか児童養護施設って普段あまり関わりがないんです。担当者の顔と名前がわからない中で、電話だけでのやりとりで不安なこともあります。（事例2）●普段ネットワークがないせいもあってか、母子生活支援施設が、色んな機関をつなぐ中間地点みたいなことしてるってとこはあるんですよ。児相、女性相談センター、施設、実家とかみんなうちに話を訊きにくるというか。（事例2）●母子分離前には児童養護施設とのやりとりはほとんどないんです。だから電話とか分離後の連絡とか、少し緊張するというか、やりづらさみたいなものは正直あります。（事例3）●母子再統合の場合、そのケースの子どものことは、あまり教えてくれないのに、母子分離になってそっち（児童養護施設）に行った子のことはめっちゃ訊いてくる。あっちの情報はくれないけど、こっちの情報は欲しい、みたいな。（事例5）

また、児童相談所との見立ての相違等、《児童相談所との連携の難しさ》を感じる母子生活支援施設職員がいることが明らかになった。

第3章　施設職員が語る「措置変更」のプロセス　129

> **具体例：**●施設としては「子ども個人のニーズや支援」という形で見ていくことが多いんですけど、児相としては「家族としての形」っていうのを大切にしようとしますよね。母子分離や再統合のタイミングについての見立てや根拠が全然違うというか。（事例1）●普段から連携してないと、急な時とか連携できないから、日頃からのつながりとか、顔と名前のわかる関係を色んなところと作っておくっていうのが結構大事ですね。（事例3）●再統合に向けた母子交流のスピードについて、児相から「ちょっと待って」てストップがかかったり、ちょっと間をあけると「じゃ、やって」みたいな風にいわれたり。ちょっと振り回す、とまではいわないけど、こう、やりとりが難しいなってところはありましたけれども。（事例5）

　さらに、母子分離や母子再統合の支援プロセスの中で、母親への支援と子どもへの支援という《母子支援の両立の難しさ》に直面することが少なくないという職員の葛藤がうかがえた。

> **具体例：**●お母さん自身もね、もっと子どもの頑張りとか成長とかわかって欲しいっていうのはあるんですよ。お母さんにも変化したり成長したりして欲しい。でもそれがなかなか難しい。（事例1）●ある日突然、子どもと彼氏を失ったという、そこのところをあまり理解したり受けとめたりしてあげれてなかったかなと。（事例5）●子どもの気持ちを尊重したい、そこを一番に考えていたので、やっぱりどうしても、お母さんの気持ち（の尊重）が二の次になってしまってた部分があったかもしれません。（事例6）

4.【母子再統合に向けた支援】

　母子再統合に向けた支援については、〈再統合のタイミングの見極め〉〈母子関係再構築のきっかけ作り〉〈養育環境の整備〉に大別できた（図3-23）。

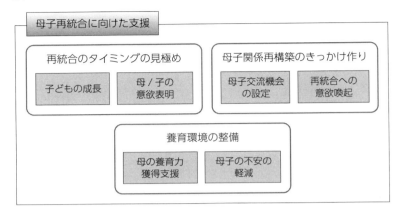

図 3-23　母子再統合に向けた支援

1）〈再統合のタイミングの見極め〉

〈再統合のタイミングの見極め〉として、まず、子どもの治療終結や一定の年齢への到達といった《子どもの成長》を契機に母子再統合を図りやすいことがうかがえた。

> **具体例：**●児相の方が「離れている期間が長すぎると、家族として1つとなる時に難しい」と。ちょうど子どもが小学校にあがる、今がそのタイミングやということで。（事例4）●母子分離のままで子どもが高校受験してしまうと、母子再統合ができないっていう機会だったんですよ。（事例5）●学期をまたいで、管轄も変わるし、というのもあって、児相とも相談しながら、子どもの健康面や医療面等特に配慮して引継ぎを含めて丁寧に進めましたね。（事例6）

また、「一緒に住みたい」と再統合に向けて積極的な《母／子の意欲表明》が見られた時、その機会を逃さずに、再統合に向けて動き始めるよう心がけていることもうかがえた。

> **具体例：**●性的虐待をしていた男性との離婚が成立したり、保護者の状況も改善されてきて…（略）お母さんの意志も強くなってきて、協

力が得られるってことで再統合したいと。(事例5) ●(面会に行くと)僕はもう今パニックを起こしたりしないよ、元気だよって。だからもう1回お母さんと一緒に住みたいんだと自分から児童相談所にも施設にもお母さんにも一生懸命話をしてました。(事例6)

2)〈母子関係再構築のきっかけ作り〉

〈母子関係再構築のきっかけ作り〉として、まず、面会や外出等といった《母子交流機会の設定》を積極的に行おうとしていることが明らかになった。

具体例：●母子分離して(母子生活支援施設を)退所して措置変更した後もずっと関わってました。なんかあったら連絡しいやって。実際、しょっちゅう電話があります。その中で、もう1回母子で暮らせる可能性を一緒に探っています。(事例1) ●子ども本人にしても、ずっと会ってなかった親御さんなので、どうなるかなという不安はあったんですが、まずは1回会ってみようと。(事例4) ●母子分離後も、お母さんの面会に、毎回ではないですけど職員もついていって状況を一緒に確認したりとか。ずっと再統合の糸口を探して、段階的に進めていきました。(事例6)

また、母子共に、またはいずれかが再統合への意欲が低い場合には、職員の方から《再統合への意欲喚起》が積極的にかつ根気強く行われていた。

具体例：●いざ交流が始まっても、お母さんは「もともと会うつもりはなかった」とか「自分で育てるつもりはなかった」っていうような話をしてたって施設の職員さんにいわれたんですね。(略)でも気持ちが変わって「自分の手元に」って思ってもらえるように、子どもさんのかわいいところとか、元気なところなんかをたくさん伝えたりしました。(事例4) ●「こんなことできるようになりましたよ」とか、子どもの成長した面とか頑張っている面を何とかお母さんにもわかっ

てもらおうと思って、ずいぶん強調するんですけどね。なかなか伝わらないというか。（略）それでも最終的には「もう一度引き取ってもいいかな」といってくれるようになりまして。（事例6）

3）〈養育環境の整備〉

　〈養育環境の整備〉として、母子再統合後の生活が安定したものになるようにとの配慮から《母の養育力獲得支援》のための様々な工夫が行われていた。

具体例：●きょうだいが増えるので、広い部屋に移って環境整えてからの外泊に進めました。部屋が増えるとお掃除も大変になるので、最初は職員が手伝いました。（事例4）●お母さんが仕事しすぎないように、残業とか急に増やさないでねって声かけました。仕事に逃げるじゃないですけど、子どもとの時間を疎かにしないで下さいって。（事例5）

　また、母子再統合に向けて、母子それぞれが不安を抱くことも少なくないため《母子の不安の軽減》のための支援が様々な形で行われていた。

具体例：●子どもの表情がすごく硬くって。受け答えはしてくれるんですけど、表情が硬くて緊張が強かったという感じです。なので、少しずつ母と過ごす時間に慣れていくことができるよう、無理させないよう配慮はしました。（事例5）●子どもと母親のテンションというか温度差が大きいことはよくあります。子どもは新生活にものすごく期待しているけど、実はお母さんの状態や気持ちはそこまで変わってないというか…子どもには過度な期待をしないようにやんわりと現実を伝えていく必要があるし、お母さんには「みんなが支えるから大丈夫」という安心感を持ってもらえるようにとか。（事例6）

5. 母子生活支援施設における子どもの措置変更プロセスの全体像

ここまで考察してきた「母子生活支援施設における子どもの措置変更プロセスの全体像」を図式化すると図 3-24 のようになる。

1) 措置変更に対する母子間の認識や思いのギャップへの支援

母子再統合と母子分離、いずれのケースにおいても【母子分離を検討することになった理由】について、母子それぞれの認識や思いが必ずしも一致しないことが多いことがわかった。例えば母子分離の場合、〈当該児童への虐待からの保護〉を目的とするケースと、子どもの状態や母親の状態によって〈母による養育困難の訴え〉があって分離が検討されるケースとがあるが、いずれのケースにおいても、なぜ母子分離が必要なのかについて〈母親の適切な現状認識支援〉を行うことが【母子分離の準備段階での母子への支援】では大切にされていた。また同時に、虐待の被害者である子どもにとっては、母子分離は不本意な決定であることが多いため〈子どもの被害感情へのケア〉が非常に重要であることも明らかになった。

【母子再統合に向けた支援】においても、母子再統合に対する母子の思いのギャップがあるため、母子間の心理的距離を埋めるための様々な工夫が必要であることが示唆された。子どもが母子再統合に積極的なのに母親が消極的な場合には《再統合への意欲喚起》として、母親に対して、子どもの成長を伝える等のアプローチが行われていた。逆に、母親の引き取り意欲の強さに反して子どもの不安が強い場合には、子どもの緊張の緩和を含めた《母子の不安の緩和》につながる支援が行われると共に、《母子交流機会の設定》が積極的に行われ、子どもから母親への不安や不信感が軽減できるよう努められていた。

2) 母親への共感的理解の困難さ

母子生活支援施設は児童福祉法に基づく児童福祉施設であり、母子生活支援施設職員も「子どもの立場に立った支援を」という思いが強い。母親と一緒にいたいと願う子どもの立場に立って「母子が一緒に生活できる可能性を最大限、追求したい」という姿勢で母親への支援やアプローチを展

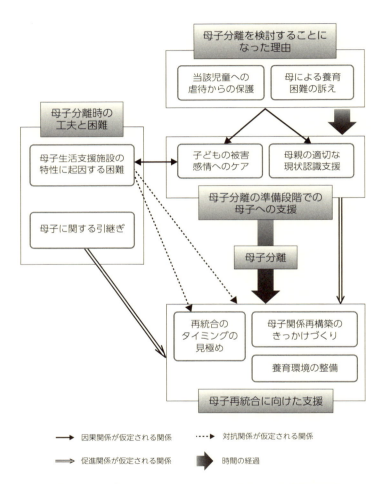

図 3-24 職員が語る「母子生活支援施設における子どもの措置変更プロセス」

開する中で生じる葛藤について《母子支援の両立の難しさ》として語られていた。

例えば【母子分離の準備段階での母子への支援】の中で、〈母親の適切な現状認識支援〉の一環として《分離理由の正しい理解促進》のためのアプローチを母親に対して行う。その際、子どもの気持ちを代弁しようとするあまり、《母子分離に対する葛藤への寄り添い》が不十分ではないかと葛藤するという。

3) 母子生活支援施設の特性からくる連携の困難さ

児童福祉法に基づく児童福祉施設でありながら、母子が一緒に入所しており「母子ユニットを支援する」という実践を日々展開している母子生活支援施設において、〈母子生活支援施設の特性に起因する困難〉を感じることが多いという施設職員の葛藤が語られていた。

まず、他の社会的養護関連施設との入所経路の違いもあって《児童相談所との連携の難しさ》があることがわかった。さらに、児童相談所を含めて日頃からのネットワークの少なさに起因する《施設間連携の難しさ》があり、情報共有や引継ぎ、措置変更前後のアフターフォロー等で「スムーズに進められない」という葛藤を感じる場面が少ないことが語りから示唆された。

●註

1) 調査対象となった児童心理治療施設の中には、小学校の分校/分教室しか持たない施設があり、本来18歳（20歳）まで入所できるとされているにもかかわらず、小6での措置変更を余儀なくされていた。

コラム❸

児童自立支援施設に措置変更されてくる子どもたち

千賀　則史

児童自立支援施設の入所児童

　児童自立支援施設への入所経路は、家庭裁判所の審判における保護処分と児童相談所の措置の2とおりがある。前者は、非行少年に対して行われる少年法上の処分であり、①保護観察、②児童自立支援施設または児童養護施設送致、③少年院送致の3種からなる。後者は、児童相談所の決定により、保護者の同意のもとに子どもを施設入所させることであり、当然のことながら措置変更ケースはここに含まれる。

　児童自立支援施設とは、「不良行為をなし、又はなすおそれのある児童及び家庭環境その他の環境上の理由により生活指導等を要する児童を入所させ、又は保護者の下から通わせて、個々の児童の状況に応じて必要な指導を行い、その自立を支援し、あわせて退所した者について相談その他の援助を行うこと」（児童福祉法第44条）を目的とした施設である。具体的には、窃盗等の犯罪を行った子どもや、家出を繰り返す子ども等が対象となる。

　そのため、児童自立支援施設の入所児童というと、非行少年をイメージする人も多いと思われるが、近年では、発達障害や精神疾患を持つ子どもや、性的問題を抱える子どもの入所も増加している。また、児童自立支援施設で暮らす子どもの多くは、人生のいずれかの時期に児童福祉施設での生活を経験している。実際に、問題行動を繰り返すことや職員への反抗を理由として、児童養護施設等から児童自立支援施設に措置変更されるケースは決して少なくない。

子どもの複雑な気持ちに寄り添うこと

　私は児童自立支援施設の心理療法担当職員として入所児童との心理面接を行ってきた。そこで、措置変更されてきた子どもからよく耳にしたのは、「本当はこんなところ来たくなかった。児相に騙された」といった語りで

ある。

　もちろん、子どもは入所に際して、施設見学を行い、一日の日課の流れ等の説明を聞いた上で、入所の意向の確認を受けている。「児相に騙された」というのは、必ずしも児童相談所に嘘をつかれたという意味ではなく、十分に納得しないまま施設への措置が決定されたことに対する不満の表明と捉えることもできる。児童相談所の立場からすると心外かもしれないが、子どもの立場からすると、大人たちに勝手に決められたということなのであろう。したがって、表面的な同意を得ることを急ぐのではなく、「児童自立支援施設に行くしかないのはわかっているけど、本当は行きたくない」という子どものアンビバレントな気持ちに寄り添うことが支援者に求められる。

　具体的には、私が児童自立支援施設の職員として子どもの施設見学の対応をした時には、「ここに入所することについて、0点が『絶対にいや』、1点が『本当はいやだけど、行くのは仕方ない』、2点が『まあ、いいかな』、3点が『ぜひ行きたい』だとしたら何点ですか？」というスケーリング・クエスチョンを行っていた。児童自立支援施設に入所する子どもで、2点や3点をつける子はほとんどいない。多くの子どもは1点である。そこで1点をつけた理由に耳を傾けると、「できることなら行きたくない」という気持ちと「でも、ここで頑張りたい」という両方の気持ちを率直に話してくれる子もいた。子どもの気持ちに寄り添いながら入所に向けた動機づけをどのように行うのかは、支援者にとって大きな課題の1つであり、どのようなアプローチが有効であるのか検討していくことが必要だと思われる。

加害性と被害性を共に扱うこと

　子どもの加害行為の背景には、保護者からの虐待、施設でのいじめ、繰り返される養育者の変更等の被害体験が想定される。心理面接の中で、「なんで俺だけ？　俺をいじめたやつらには、どうして何もないの？」と訴えてくる子もいた。信じ難いことかもしれないが、施設内でのいじめ等

の暴力の問題は深刻であり、決して過小評価してはいけない。

　よく誤解されているのは、虐待を受けた子どもは暴力を起こしやすいのではないかということである。確かに、不適切な養育環境は、健全な発達を阻害する要因の１つであることは間違いないが、控えめに見積もったとしても、人間の行動に与える影響は、過去のことよりも、現在の環境の方が大きいだろう。例えば、スタンフォード監獄実験１）等からは、ごく普通の人であっても、誰もが暴力の加害者になり得ることが示唆されている。施設という閉鎖的な空間の中で、力の濫用について目が行き届かない状況であれば、いじめ等の暴力は極めて起こりやすいといえるのである。

　施設でのいじめ体験を訴える子どもが何よりも傷ついているのは、いじめられたこと自体よりも、そのことを誰も助けてくれなかったことである。さらには被害者が加害者に転じた時に頭ごなしの指導を受ければ、「自分がいじめられている時は助けてくれなかったのに、どうして？」という怒りが爆発し、職員への激しい反発へとつながる。そこで起きた職員への暴力により、児童自立支援施設に措置変更されてくるケースもある。施設内で起きる暴力は、個人の問題というよりは、子どもと施設との関係性の悪循環パターンによって引き起こされていることが多いと思われる。そのような子どもに対して、目の前で起きている加害性だけに焦点を当てて対応してしまうと、さらなる傷つき体験となりかねない。こうしたケースを理解していくためには、「被虐待児だから」「発達障害児だから」というように個人の問題として切り離して考えるのではなく、人と環境の関係性という全体的な視点から捉え直すことが重要だと思われる。

　子どもは自分が悪い子だから虐待を受けたと思っているし、自分が悪い子だから施設から追い出されたと思っている。このような子どもと出会った時に、思わず「あなたは悪くない」という言葉をかけたくなる時もある。しかし、支援者が子どもの被害性に対して過度に共感を示してしまうと、子どもが家族のことや前の施設のことを悪く思う方向に導いてしまう危険性がある。子どもが自分の人生を肯定的に捉えることができるようになるためには、加害性だけを扱うのでも、被害性だけを扱うのでも不適切であ

り、両方を行きつ戻りつ扱うことができるバランス感覚が支援者には要求されているといえるだろう。

●註

1) 1971 年にフィリップ・ジンバルドーが行った実験。大学の一角に刑務所に近い設備を作り、看守役と囚人役をランダムに振り分けて収容したところ激しい虐待が発生した。この実験を題材としたドイツ映画『エス』とアメリカ映画『エクスペリメント』がある。

第 4 章

施設から里親に措置変更された
子どもの養育

千賀　則史
福田　公教

142

　社会的養護は、できる限り家庭的な養育環境の中で、特定の大人との継続的で安定した愛着関係の下で行われる必要がある。しかし、わが国の現状としては、施設養護への依存度が高く、これから家庭養護を推進していくためには、施設から里親への措置変更について検討することが求められている。そこで、第4章では、施設から措置変更された子どもの養育経験のある里親へのインタビュー調査の結果から、社会的養護における措置変更について考えていきたい。

第1節　乳児院・児童養護施設から里親への措置変更

　本節では、施設から里親への措置変更について考究するが、その中でも将来的な家庭復帰の見通しがないケースに対して、より家庭的な養育を提供するために里親への措置変更を行った事例について検討した。したがって、分析対象の事例における変更前の施設種別は、乳児院と児童養護施設に限定した。なお、各事例については表4-1のとおりである。

　インタビューによって得られたテキストデータを分析した結果、30の

表 4-1　乳児院・児童養護施設から里親への措置変更

	措置変更経路	年齢	性別	特記事項
事例1	乳児院→養護→里親	8	男	子どもに夜尿。里親への事前説明なし。
事例2	乳児院→養護→里親	3	男	子どもに知的障害、ADHD。乳児院でならし交流中に児童養護施設へ措置変更。
事例3	乳児院→養護→里親	2	女	子どもに弱視。
事例4	乳児院→養護→里親	4	女	子どもに弱視、喘息、アスペルガー。
事例5	乳児院→里親	0	男	実母は未成年で出産。
事例6	乳児院→里親	3	女	週末里親としての交流あり。
事例7	養護→里親	11	男	週末里親としての交流あり。
事例8	乳児院→養護→里親	11	男	週末里親としての交流あり。事前情報と異なり、子どもに学習上の問題。
事例9	乳児院→里親	2	男	週末里親としての交流あり。子どもに発達障害、多動、夜尿、自傷、他害。
事例10	養護→里親	15	男	実母が精神的不安定で3歳の時に遺棄。週末里親としての交流あり。

※養護：児童養護施設

第 4 章　施設から里親に措置変更された子どもの養育　　143

表 4-2　得られたカテゴリー一覧（事例数 10）

カテゴリーグループ	カテゴリー	サブカテゴリー	コード（数）
里親への措置変更の検討	保護者の養育困難	保護者の問題	未婚による出産（7）、親の病気（6）
		家庭環境の問題	離婚（3）、複雑な家庭環境（7）
	家庭的な養育の必要性	家庭復帰の困難	家庭復帰の見通しなし（10）、保護者が行方不明（4）
		家庭的養育の未経験	乳児院の利用（8）
措置変更に向けた準備	子どもの気持ちへの配慮	子どもの安心作り	里親から子どもへの説明（4）、子どもの不安に対する対応（7）
		子どもの居場所作り	家庭での居場所作り（6）、地域での居場所作り（4）
	里親の受け入れ準備	子どもに関する情報交換	児童相談所との情報交換（6）、施設との情報交換（8）、心理士による助言（2）
		里親と子どもとの関係作り	定期的な面会（8）、定期的な宿泊（8）、週末里親としての関わり（5）
措置変更後の対応	「今ここで」の試し行動への対応	子どもの試し行動	反発（9）、不安・甘え（10）、自傷・他害（6）
		関係者との連携	児童相談所との連携（5）、施設との連携（7）、学校との連携（4）
	相談できない気持ち	児童相談所に相談できない気持ち	児童相談所に遠慮する気持ち（3）、誰にも相談できない気持ち（2）
		情報不足への戸惑い	事前情報にない問題の発生（7）、情報がないことへの戸惑い（5）
	これまでの生い立ちの整理	実親との交流	実親との面会などの交流（5）
		前施設とのつながり	前施設の職員とのやりとり（9）
		里親からの真実告知	血縁親子ではないことの告知（3）

コードを抽出した。その後、それらのコードを 15 のサブカテゴリーにまとめた上で、7 つのカテゴリーとしてまとめた。さらに、それらのカテゴリーから 3 つのカテゴリーグループを生成した（表 4-2）。

　以下、カテゴリーグループを【　】、カテゴリーを〈　〉、サブカテゴリーを《　》を用いて、それぞれの内容について説明していく。

1.【里親への措置変更の検討】

　乳児院や児童養護施設から【里親への措置変更の検討】が行われる背景

図 4-1　乳児院や児童養護施設から里親への措置変更の検討が行われる背景

には、〈保護者の養育困難〉と〈家庭的養育の必要性〉が挙げられた（図4-1）。

1)〈保護者の養育困難〉

　里親の語りによると、子どもが施設や里親等の社会的養護で生活する理由としては、未婚による出産、親の精神疾患、身体障害等の《保護者の問題》が挙げられた。また、離婚や複雑な家庭環境等の《家庭環境の問題》が背景に挙げられた。

> 具体例：●ちょっと精神的に病気で、今、生活保護受けてお一人で暮らしてらして。（事例3）●お母さんが単に置いてった。捨て子。手紙を持たせて、迎えに来ますみたいな感じで、市役所かどっかに置いてったんかなんかみたいですよ。（事例10）

2)〈家庭的な養育の必要性〉

　里親への措置変更は、家庭復帰の見通しがない、保護者が行方不明といった《家庭復帰の困難》と、生まれた時から乳児院を利用する等《家庭的養育の未経験》が背景にあり、より家庭的な養育環境を提供するために行われていた。

> 具体例：●担当の先生がおっしゃるには（略）今ちょっと住所不在ですとか、連絡つかないんですとかといった状態で。（事例3）●実子

第 4 章　施設から里親に措置変更された子どもの養育　　145

のお父さんが（略）ご病気で、この先もちょっと養育が困難ですっていうことで、長期的に里親家庭で養育した方がいいんじゃないかっていうことで。（事例 7）●家庭復帰、面会もほとんどないし、家庭復帰の可能性もかなり低い。で、お母さん自身は籍を抜いたり養子に出すんじゃなくて、気持ちとしたら引き取りたいという気持ちは、その時の状態によるみたいなんですけど、一応持ってはるんですけど。現実的には養育できる状況になくって。乳児院 2 歳に達する頃には 1 年以上面会のない状態やったみたいです。（事例 9）

2.【措置変更に向けた準備】

　里親への【措置変更に向けた準備】としては、〈子どもの気持ちへの配慮〉と〈里親の受け入れ準備〉が行われていることが語られた（図 4-2）。

1)〈子どもの気持ちへの配慮〉

　安心して里親のところに来ることができるように、里親は、子どもへの説明や、子どもの不安に対する対応等の《子どもの安心作り》を行っていた。また、《子どもの居場所作り》として、あたたかい声かけをしたり、机や家具、衣類、寝具等を部屋に用意したりする家庭内での居場所作りのみならず、子どもが地域の中でスムーズに生活を送れるように地域での居場所作りが行われていた。

　具体例：●だから寝る前は大変で、もう抱っこですね。とにかく抱い

図 4-2　里親への措置変更に向けて行われる準備

て、「守ってあげるからね。大丈夫だよ」といい続けて、やっと寝るっていうか、なかなか寝ませんけどね。そして、安心さすことを考えながら。（事例3）●施設で楽しく暮らしているあなたのところに優しそうなおじちゃんとおばちゃんが遊びに来て、仲良くなって、そのおじちゃんとおばちゃんのお家に来て、お父さんお母さんになったよみたいな絵本なんですけど。それを彼女の記憶、来て半年、幼稚園行き出してからかな。半年以上経ってから記憶を呼び戻しながら、2人でこんなんやったね、あんなんやったねっていいながら。（事例4）●事前にそういう年の近いお子さんがいてるお家のお母さん方には、里親始めて、この年齢の男の子が遊びに来ると思うから、またよろしくお願いしますみたいな感じで、声はかけてたんで。（事例7）

2)〈里親の受け入れ準備〉

　里親側の子どもを受け入れる準備としては、児童相談所や施設との《子どもに関する情報交換》が挙げられる。また、子どもの見立てについて心理士からの助言が参考になったという語りもあった。《里親と子どもとの関係作り》としては、面会、外出、外泊といった段階的な交流が行われていた。また、もともと週末里親としての関わりがあって、里親と子どもの関係が作られていることを背景に、里親委託に至ったケースも複数あった。

具体例：●まず園へ行って私たちとの親睦深めるっていうか馴染む期間を設けて、あとスーパーへ初めての外出とか割と早い時間でタッタッタと進んだんですね。こういう感じでこの子の場合は進みましたからね、早かったんですよね。（事例3）●学校を転校する際はもう相談所の方が先にこういう児童が転校してきます、里親さん家庭で過ごしますということは先に伝えといていただいたので、こちらが困った時には逐一学校なり、児童相談所なりにいつでもいっていただいたらという形で先にいっていただいたので、すごくそれは助かりました。（事例7）

第4章 施設から里親に措置変更された子どもの養育　　147

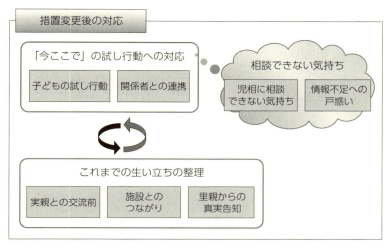

図 4-3　里親への措置変更後に行われている対応

3.【措置変更後の対応】

　里親への【措置変更後の対応】としては、〈「今ここで」の試し行動への対応〉と〈これまでの生い立ちの整理〉が挙げられた。また、この段階で〈相談できない気持ち〉が生じていることが語られた（図4-3）。

1)〈「今ここで」の試し行動への対応〉

　里親への措置変更を行った後には、反発、不安・甘え、自傷・他害等の《子どもの試し行動》が生じていた。また、こうした試し行動に対応するために、児童相談所、施設、学校といった《関係者との連携》が行われていた。

> **具体例：**●半年は大変でしたね。（略）私に対してけんか腰で、けんかするかーとか、とにかく突っかかってきて困りましたね。それが一番困ったけれども、半年ぐらいしてから落ち着いてきまして（略）何ていうか、今、あの子の変わり方を見ていると、これからが楽しみなんですよね。（事例3）●あとは措置変更のところで助かったなって

いうのは、上の子の場合は心理士の先生が何か月か児童相談所に行って、この子のこういう特性がありますみたいな感じで教えてくれたので。（事例7）●私もやられるけど私は止めたりもできるんですけど。真ん中の子が年長さん。（略）やられっぱなしで。（略）あっちこっち噛まれるし、もう突き飛ばされる、叩かれる、蹴られる。（略）もう傷だらけで泣きながらお母さんお願いやから返して来てっていってましたね。（事例9）

2)〈相談できない気持ち〉

　子どもへの対応に困っている時に、児童相談所に遠慮する気持ちや誰にも相談できない気持ちといった《児童相談所に相談できない気持ち》が生じていることが語られた。また、事前情報にない問題が発生する等《情報不足への戸惑い》があることが挙げられた。

　具体例：●いつも忙しそうにしてるのに、こんなことで煩わせてもいいのかな、（略）例えば大きなことやったらそれはもちろん報告しないといけないし、相談もあると思うんですけれど、身近なことで、ちょっとしたことでっていうようなことになってくると、（略）学校とかに相談に行ってしまったりとかしてますね。（事例1）●説明をまったく最初聞いてなかったんですけど、おねしょをするんですね、その6年生の子。今もしているんですけど。まったく聞いてなかったんで、何日かお泊まりで来た時におねしょしてまして。実は3回目ぐらいですかね、来た時に、おねしょしてるんですっていったら、いやあ、園では毎日してますっていわれて、それなら先にいって欲しかったって思いました。（事例1）●施設同士のやりとりより里親っていうのはやっぱし包み隠されるっていうのはあります。（略）本当に守秘義務じゃないですけど、あんまり情報もらえなかったりするのは発達検査（略）その結果はあなたたちじゃなくって私の方が必要なんですけどっていう感じのことがあって。（事例9）

3）〈これまでの生い立ちの整理〉

　里親は、子どものこれまでのつながりを大切にしており、面会等の《実親との交流》《前施設とのつながり》、血縁的な親子ではないことについて《里親からの真実告知》等が行われていることが挙げられた。

> **具体例：●**もうその子が来たおかげで、告知の面でも何かの折に触れ、産んでくれたお母さんがいてねというお話はしてたんやけど、彼女の中ではピンと来なくて。「お母さん、私産む時おなか痛かった？」みたいなことは、「いや、あなたには産んでくれたお母さんが別にいててね」って、もうそれを何回も繰り返したんやけど、その子のおかげでやっとその産んでくれたお母さんの存在がわかったみたいな。（事例4）**●**お母さんに交流させるようにしてます。（略）里親家庭センターが定期的に連絡を取れるような形でなんかセッティングしてくれたりとか。（事例10）

4．乳児院・児童養護施設から里親への措置変更プロセスの全体像

　ここまで検討してきた乳児院・児童養護施設から里親への措置変更プロセスの全体像を図式化すると図4-4のようになる。以下、ストーリーラインの説明によって考察を進める。

ストーリーライン

　乳児院や児童養護施設から【里親への措置変更の検討】が行われる場合、《保護者の問題》《家庭環境の問題》に起因する〈保護者の養育困難〉と、《家庭復帰の困難》《家庭的養育の未経験》から来る〈家庭的な養育の必要性〉が背景にある。つまり、社会的養護の必要性が高く、家庭復帰の見通しがない場合に、より家庭的な養育環境を提供するために、里親委託が検討され、里親への打診が行われていることがわかった。

　【措置変更に向けた準備】としては、《子どもの安心作り》《子どもの居場所作り》といった〈子どもの気持ちへの配慮〉や、《子どもに関する情報交換》《里親と子どもとの関係作り》といった〈里親の受け入れ準備〉

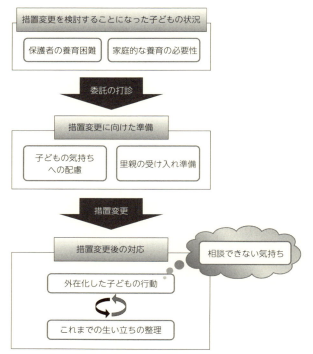

図 4-4　乳児院・児童養護施設から里親への措置変更プロセスの全体像

が行われる。このように子どもの気持ちに寄り添いながら、受け入れ先の環境を整えることが試みられている。週末里親として、すでに関係が作られている段階で、里親委託が進められたケースもあれば、ならし交流が十分に行われないまま措置変更が行われるケースも見られた。

　措置変更後には、《子どもの試し行動》が出現することが多く、児童相談所や施設といった《関係者との連携》を行いながら〈「今ここで」の試し行動への対応〉が行われる。しかし、この際に、《児童相談所に相談できない気持ち》《情報不足への戸惑い》等の〈相談できない気持ち〉が援助を難しくさせていることもある。また、《実親との交流》《前施設とのつながり》《里親からの真実告知》といった〈これまでの生い立ちの整理〉も行われている。すなわち、【措置変更後の対応】としては、目前の子ど

第4章　施設から里親に措置変更された子どもの養育　　151

もへの対応に追われるだけではなく、子どもの過去の課題も扱われており、だからこそ連続性のある支援が必要不可欠であるといえる。

第2節　児童自立支援施設から里親への措置変更

　前節では、乳児院や児童養護施設から里親への措置変更プロセスについて検討を行った。これらのケースは、子どもの問題というよりは、保護者の養育困難が背景にあり、相談種別としては、ほとんどが養護ケースであったと思われる。

　その一方で、虐待や非行のケースが里親に措置変更される場合もある。これらのケースでは、子どもは行動上の問題を抱えていることが多く、対応はより困難になることが予想される。そこで、本節では、児童自立支援施設から里親に措置変更が行われた事例に焦点を当てて、質的研究法の複線径路等至性アプローチ（TEA：サトウ、2015）[1] で分析することで、非行や暴力等の行動上の問題を抱えた中高生が里親に措置された場合の支援プロセスについて明らかにする。

事例の概要

　各事例の概要については以下のとおりであった。

　※養護：児童養護施設、治療：児童心理治療施設、自立：児童自立支援施設

事例①　15歳（男）　措置変更経路：養護→自立1→自立2→里親

　　盗みを重ねて児童養護施設から児童自立支援施設に措置変更になったが、そこで性加害があり、他の児童自立支援施設に措置変更となった。特別支援学校高等部への進学を機に里親へ措置変更となる。里親は子どもと信頼関係を作るために、お風呂に一緒に入り、積極的にコミュニケーションをとるようにした。里親の実子の下着を盗んだことがあるが、高校は3年間通い卒業する。その後、職業訓練学校を経てグループホームに入所し、措置解除となったが、その後も交流は続

いている。

事例②　13歳（女）　措置変更経路：治療→自立→里親

性的虐待を含むすべての虐待を受けた子どもで情緒障害児短期治療施設（児童心理治療施設）に入所したが、暴れてガラスを割る、テレビを壊す等の問題行動が出現し、児童自立支援施設に措置変更となった。その後、施設長から「この子は力のある子だし、何とか家庭で育てて欲しい」ということで、専門里親への措置変更となった。事前に児童相談所からケースの情報をもらい、里親家庭内で情報共有を行った。援助交際等の性の問題がある子だったので、里親委託前に性病の検査の実施を依頼した。措置変更後の1週間は「いい子」だったが、ある日突然、飲酒して帰宅し、万引き等の問題行動を繰り返すようになった。こうした問題をきっかけに前施設と連絡をとると、施設職員が里親宅に訪問するようになり、本人は喜んでいた。このように里親と施設が協働して子どもと向き合うことで、1年ぐらいすると、子どもは虐待経験等を里親に語り始めるようになった。

事例③　15歳（女）　措置変更経路：自立→里親

1年近く前から児童自立支援施設の退所後の里親委託が決まっており「待ちに待った措置変更」であった。しかし、事前の交流等の準備はなく、子どもについても「問題ない」ということであった。知的障害があり、特別支援学校高等部に入学した。措置変更後は、誰でもベタベタ近づく等、対人的な距離が近かった。委託してから4か月後に援助交際が発覚し、同居家族から強い拒否反応が生じた。しかし、里親としては「他に行くところないよ」と思い、それでも手放さずに育てた。

第4章　施設から里親に措置変更された子どもの養育　　153

事例④　15歳（男）　措置変更経路：養護→自立1→家庭→自立2→里親

> 　子どもに知的障害と広汎性発達障害。児童養護施設で小6の時に性加害があり、児童自立支援施設へ措置変更。そこでも中2の時に性加害があり、家庭引き取りとなったが、学校に通わなくなり、他の児童自立支援施設に措置された。中学卒業後、家庭復帰が困難ということで、里親へ措置変更となった。里親の実子に女児がおり、性加害の子は不安だったので断ったが、児童相談所が何とかなるというので引き受けた。措置変更後5か月目で里母のお風呂をのぞくことがあったが、7か月目に近所の女の子をストーカーする問題が発生するまで児童相談所には相談することができなかった。最終的には措置解除。

　これらの事例についてTEAで分析を行い、【里親への措置変更】を等至点とするモデル図を作成した（図4-5）。

　なお、TEAの概念説明と本研究における位置づけは、表4-3のとおりである。以下、モデル図のストーリーラインに沿って考察の説明を進める。

ストーリーライン

　そもそも［児童自立支援施設への措置］が行われる事例は、［施設・家庭での対応困難］が背景にある複雑なケースが多い。そのため、［里親への措置変更の打診］があった際には、［同居家族の安全への懸念］を考慮して、受け入れの可否を検討する。そこで［依頼のことわり］をして、［他の施設への措置変更／家庭復帰］（両極化した等至点）に至ることも考えられるが、実際には、［里親としての使命感］がベースにあるため、たとえ対応困難が予想されるケースであっても［依頼の引き受け］をしている。

　里親への措置変更の方針が決まると、［措置変更に向けた準備］を進めていくことになるが、里親は［情報不足への不信感］を支援プロセスの中で、終始一貫して抱いている。児童相談所とのやりとりの経験が豊富にある里親であれば、自ら積極的に情報交換することも可能であるが、多くの

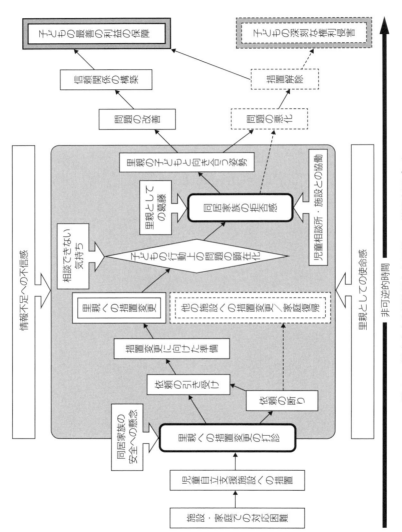

図 4-5　児童自立支援施設から里親への措置変更プロセス

第 4 章　施設から里親に措置変更された子どもの養育　　155

表 4-3　TEA の概念説明と本研究における位置づけ

TEA の概念	意味	本研究における位置づけ	図
等至点	多様な経験の径路がいったん収束するポイント	・里親への措置変更	□
両極化した等至点	等至点とは逆の現象	・他の施設への措置変更／家庭復帰	▢
必須通過点	ある地点に移動するために 必ず（通常ほとんどの人が）通るべきポイント	・子どもの行動上の問題の顕在化	◇
分岐点	径路が発生・分岐するポイント	・里親への措置変更の打診 ・同居家族の拒否感	▭
社会的方向づけ	等至点から遠ざける力：阻害、抑制的な要因、阻害する環境要因や文化・社会的圧力	・同居家族の安全への懸念 ・情報不足への不信感 ・相談できない気持ち ・里親としての葛藤	▽
社会的助勢	等至点へと近づける力：援助的な力、人からの支えや社会的な支援や制度、行動を後押しする認識や認知	・里親としての使命感 ・児童相談所・施設との協働	△
セカンド等至点	当事者にとって意味のある等至点	・子どもの最善の利益の保障	□
セカンド等至点の両極化した等至点	セカンド等至点とは逆の現象	・子どもの深刻な権利侵害	▢

　場合は、子どもの見立てに関する情報も不十分なまま、［里親への措置変更］という等至点に至ることになる。
　しかし、いうまでもなく、［里親への措置変更］はゴールではなく、その後、ほとんどのケースで何らかの問題が発生する。そのため、［子どもの行動上の問題の顕在化］を児童自立支援施設から里親への措置変更を行う際の必須通過点として定めた。その時に里親に生じる［相談できない気持ち］が支援を難しくさせている。さらには、度重なるトラブルがあることで、子どもに対する［同居家族の拒否感］が出た時に［里親としての葛藤］に悩まされることになる。こうした困難に直面することを契機に里親がSOSを出すことで［児童相談所・施設との協働］が有効に機能し始めることもある。こうしたネットワークが支えとなって、［里親の子どもと向き合う姿勢］が強化されることで、［問題の改善］がされ、［信頼関係の構築］へとつながっていくケースもある。
　その一方で、困難ケースでは、里親の頑張りだけではどうしようもなく、

［問題の悪化］により、［措置解除］となることもある。しかし、こうした
ケースであっても、結果として、里親委託というプロセスを経ることで、
前に進むことができる子どもや家族もいると考えられる。そういう意味で
は、こうした困難ケースにおける措置変更先の不適応は、「里親不調」と
いう一言では片付けられないと思われる。どのような措置変更であっても、
その時の限られた選択肢の中から子どもの最善の利益を目指すという意味
では、本質的な理念は変わらない。そのため、［子どもの最善の利益の保
障］をセカンド等至点とし、両極化したセカンド等至点として［子どもの
深刻な権利侵害］を設定した。

第3節　小　括

　里親への措置変更とは、子どもを里親のところに委託すれば終わりとい
うものではなく、その前後でつながりのある支援を提供していく必要があ
る。本章では、こうした里親への措置変更プロセスを明らかにすることで、
引継ぎや情報共有、子どもへの説明やアドミッションケアのあり方等、家
庭から直接委託される子どもの養育過程とは異なる配慮事項について検討
を行った。

　まず同じ施設から里親への措置変更ケースであっても、乳児院や児童養
護施設から措置変更されるケースと、児童自立支援施設から措置変更され
るケースについては、分けて考える必要があるだろう。特に、今回の調査
では、児童自立支援施設から里親へ措置変更が行われたものには、想像以
上に困難なケースが含まれていた。これは決して偶然ではなく、保護者や
施設が受け入れを拒否することがあるのに対して、里親は基本的には受託
される子どもを選んだり、断ったりはしないため、結果として、社会的養
護で行き場を失った困難ケースが里親委託されている可能性が考えられる。

　こうしたケースは、発達や愛着の問題を抱え、非行等の行動化への対応
に苦慮するケースであることが少なくない。だからこそケースの見立てを
共有することが重要であるが、実際には、施設から里親への措置変更が行
われるほとんどのケースで、里親は情報が不足していると不満を持ってい

第4章　施設から里親に措置変更された子どもの養育　　157

ることがわかった。経験豊富な専門里親であれば、児童相談所等に積極的に情報提供を求めることも可能かもしれないが、一般の養育里親は施設等とは異なり、子どもを受け入れる機会そのものが限定的であるため、情報提供に受け身になりがちだと推察される。また、措置変更ケースの場合、子どもが社会的養護で生活した分だけの情報があるはずだが、それを適切に集約して見立てを共有することが大切である。専門職が持つ情報や表現は、時には受け手の誤解を招いたり、子どもを過剰に難しいケースと捉えることになったりする懸念もあるため、今後は、子どもに関する情報をどのように提示するべきなのか等、里親への情報提供のあり方の枠組みを明確化し、フォーマットやガイドラインを策定していく必要がある。

　措置変更後には、子どもの試し行動や顕在化した行動上の問題が生じることが多く、これらに対する対応が重要な局面となる。ここで里親の強い使命感が吉と出ることもあるが、その一方で、誰にも相談できずに里親だけで抱え込んでしまう傾向も見られた。児童相談所についても、急増する子ども虐待ケースへの対応に追われ、里親委託や支援業務に適切に関与できているとはいえない。さらには、里親は児童相談所や担当者に対する不満を持っており、措置権を持つ児童相談所あるいは担当者に対して、不当だと思ってもいいなりになるしかない弱者であると感じているという報告もある（山藤・中村・川名 2015）。また、本研究より、措置変更後の子どもの行動上の問題に対して、里親の同居家族が拒否感を持つことで、里親家庭そのものが危機に直面していることが示唆された。ここで里親は強く覚悟を持って子どもと向き合っていることが示唆されたが、こうした状況の中で里親が経験している困難やニーズを明らかにする詳細な研究がこれからは必要だと思われる。

　様々な課題が累積している措置変更ケースの受け入れをする場合には、里親支援はさらに手厚く行う必要がある。里親とファミリーホームには、家庭において養護を提供することの強みと同時に、家庭であるがゆえの脆弱さが存在する。その養育を、開くことなく閉じてしまえば、里親とファミリーホームは孤立し、子どもの幸せは遠のき、養育者家庭の崩壊さえも起こってしまう（宮島 2012）。そのため、里親は社会的養護の担い手とし

ての意識を持ち、養育のあり方を「ひらき」、社会と「つながる」必要性があるといえる。

　里親制度とは、社会的養護を担うものであり、里親のためではなく、家庭養護を必要とする子どものための制度である。そのため、庄司（2010）が述べているように、里親支援とは、「里親への支援」ではなく「里親養育がうまくいくための支援」と捉えることができる。つまり、何らかの事情があって実親のもとで暮らせない子どもに安心・安全な生活環境を提供し、その健全な発達を保障していけるように、里親や子どもに対して多面的にアプローチしていくことが里親支援であるといえるだろう。そうした手厚い支援を実現するためには、一人ではなく、チームの力が必要不可欠であり、児童相談所、里親、施設、里親支援機関等の協働が重要となってくる。そのため、今後は、乳児院や児童養護施設に配置されている里親支援専門相談員や、児童家庭支援センター、NPO法人等の民間の里親支援機関、里親会等の自助グループとのネットワークを重視した里親支援のあり方についても検討することが望まれる。

●註

1）　人間を開放系と捉えるシステム論に依拠し、個人に経験された時間の流れを重視する質的研究法。TEAでは、「等至性」と「複線径路」を鍵概念として、人間の発達や人生径路をモデルとして描くことを試みる。

●参考文献

宮島清（2012）「代替的養育に関するガイドラインと里親・ファミリーホームの課題」『子どもの虐待とネグレクト』14，pp309-314.

サトウタツヤ（2015）「TEA（複線径路等至性アプローチ）」『コミュニティ心理学研究』19，pp52-61.

庄司順一（2010）「里親支援の今後の展望」『世界の児童と母性』69，pp9-12.

山藤宏子・中村容子・川名はつ子（2015）「里親にとって措置解除とは何か―里子の受託、養育、解除における里親のニーズの把握と支援―」『子ども家庭福祉学』15，pp37-49.

コラム❹

児童自立支援施設から来た少女との生活

梅原　啓次

　虐待を受けた少女が保護され施設に入所した。しかし、すぐに情緒障害児短期治療施設（現在の児童心理治療施設）に措置変更になった。しかし、そこでも彼女は施設に馴染めず、窓ガラスを割り、テレビを壊し、天井の蛍光灯を次々に割るといった問題行動を繰り返すことによって、心の奥深くにある不満をぶつけた。この施設では対応しきれないと判断が下され、児童自立支援施設に措置変更された。やむを得ない措置だったのだろう。そして、変更後しばらくして落ち着いてきたが、施設を退所する年齢が近づいてきた時、施設長が彼女の能力、将来性を見極め、家庭環境で育ち、地域社会で暮らすことが最善だとの判断で里親委託を推し進めた。それが私たちと彼女との出会いだった。

　彼女は、「私が保護して欲しいといったわけではないのに、大人の勝手で一時保護所に連れていかれ、虐待した親はそのまま家で生活している。私は、あちらこちらの施設に回され、そして、ある施設で少し暴れたらまた次の施設に回された。そして今度は里親のところ。自分のことを思って動いてくれている児相の職員でさえ敵だ、大人は捨ててばかり、大人は皆、敵だと思っていた」と後日話してくれた。そこから始まった彼女との生活。

　彼女が「私たちと生活を共にする」と結論を出すまでには、「どんなところ？　どんな人？　どんな部屋？　テレビ見ることができる？　どんな食事？」それこそ不安で不安でいっぱいだっただろう。そして、「やはり捨てられる？」不安の行き着く先はここだったのだろうと想像がつく。

　生活が始まって１週間何事もなく、言葉使いの良さ、礼儀正しさに安心を感じていた。彼女も私たちとの距離を測っていたのだろう。しかしその後、彼女の不安は募り、必死にその不安を拭い去ろうと私たちを幾度も試す行動をとった。飲酒・喫煙・万引き、法律に触れることや触れないまでも私たちを困らせること、その回数は数えきれない。そのたびに向き合い話を聞き、共感するよう努めた。しかし、向き合うこと、関係を築くこと

はそう簡単ではない。私たちも必死だった。元来私は短気な性格であり、昔はスパルタおやじであった。そんな私が感情を抑えてきたが、ある時ついに大声を出し、机を叩いて叱ってしまったことがあった。彼女は「あの時絶対殴られると思った。私が悪いし今までだったら殴られていた」といっていたが、私は自己嫌悪に陥り、里親を続ける自信をなくしかけていた。それでもなお彼女の試し行動はまだまだ続いたが、私たちが彼女を捨てることはできないと必死に向き合い寄り添った。そして、問題を通して彼女と向き合う中に、これまでの過酷な環境の中で生きてきた心の痛み、苦しみ、重み等がわかり、彼女に対する私自身の心が変わり、その頃から彼女自身も変わっていった。今では不謹慎であるかもしれないが、子どもと向き合い、早く関係を築くには、ある意味何か行動を起こすのを待っているところがある。里子の行動化が里親子関係を進展させるきっかけになる側面があると考えるようになったためである。

　我々里親が養育するためにはできるだけ多くの情報が必要である。しかし、本当のところは、お互いの信頼関係を築く中で見えてくるものであり、養育をしてからでないとわからないのが事実である。心の内にある色々な感情を知り共感することによって、子どもとの絆が生まれ心が通じ合い、自立に向けての養育が始まると思う。

　彼女もだんだんと落ち着き、生活も安定し、表情にも少女らしさが増してきた。そして、2年半が経過した頃、私たちにとって忘れられない喜びが訪れた。それは、彼女の「やっと信頼できる大人ができた」という言葉だった。里親が何よりもうれしい瞬間だ。この2年半は長かったが、私たちが成長できた期間だった。現在里親を続けることができているのもこの少女との出会い、生活があったからである。

　現在、何らかの理由で親と暮らせない子どもたちが大阪市には約1,200名、そのうち里親と生活している子どもは約14.6％（2017年3月末現在）である。子どもが家庭環境で育つことが望まれているが、そのためには里親の増加が不可欠である。確かに、里親と里子の関係はある意味、実親よ

りも密接であり、深いものである。だからこそ、子どもたちが「安心・安全・温かい家庭」を獲得し、そこで社会的スキルを身に着け社会人として巣立つ準備ができ、目指す未来への道が開かれるのだと思う。その過程での「試し行動」をはじめ、あらゆる問題と向き合い、信頼関係を構築し、送り出すにはかなりの労力と時間が必要である。中には、心身共に疲れ果て里親を続けられないケースもある。それに今後ますます養育が難しい子どもたちが増え、児童の高年齢化が進めば、里親子関係を構築することもますます難易度が高くなる。里親を増やすためには、里親に対する細やかな支援体制がまずは必要であろう。

　1つには、里親には養育のための知識が必要だと思う。今までの子育て経験だけでは不十分で、子どもの発達や愛着形成、特に養育技術を学ぶことは不可欠だと思っている。私も養育技術を学んでからは日常の養育が非常に楽になった。知ることは大切なことであり、知らないばかりに養育のあり方を間違い、子どもの人生が大きく変わってしまうことにもなりかねない。そのためには、認定前研修に養育技術の習得が組み込まれる必要があり、認定後も研修を継続していくことが大切だと思う。里親の愛情・忍耐＋スキルの習得によって子どもとの良い関係が構築されていく。

　また、里親家庭にもファミリーホームのように援助者が必要であると思う。援助者がいることによって里親の労力や関わる時間が軽減され、里親に少しは余裕ができるはずである。また、それには里親への経済的援助も必要である。

　さらに、里親はボランタリーな活動であるとの認識が強いが、里親委託の推進のためには、里親の増加や里親が抱える多くの課題に対し迅速に施策を講じることが急務であると考える。

第 5 章

これからの措置変更のあり方をめぐって

野口　啓示
伊藤嘉余子
千賀　則史

本書では、ここまで、日本の社会的養護における措置変更の現状について、アンケート調査やインタビュー調査結果の分析を踏まえ、論述してきた。

最後に、本章では、調査研究結果から見えてきた、日本の社会的養護における措置変更のあり方やそのプロセスの課題と改善に向けた論点を提示し、本書の結論およびまとめとしたい。

第1節　措置変更を経験する子どもの生活歴と抱える課題の深刻さ

1. 措置変更を経験する子どもの生活歴

今回実施したアンケート調査そしてインタビュー調査から措置変更に関するたくさんの知見を得ることができた。その中で、まず私たちの研究班が注目したのは、複数回の措置変更を経験している子どもが決して少なくないということである。アンケート調査では、児童自立支援施設から措置変更される子どもの37.7％が児童養護施設への入所歴があり、また、乳児院への入所歴がある子どもは13.1％であった。また、児童養護施設から措置変更になる子どものうち29％が乳児院への入所歴があった。また、児童心理治療施設でも、児童養護施設への入所歴を持つ子どもは13.9％、そして乳児院への入所歴がある子どもは6.3％と一定数の子どもが存在することが明らかとなった。この結果から想起されるのは、乳児院への入所歴があり、そのまま児童養護施設に措置変更となり、その児童養護施設での生活の中で、行動上の問題を起こし、そして施設に居られなくなり、児童自立支援施設を中心とする他の施設へと措置変更されていく子どもの姿である。

インタビュー調査の中で、ある児童自立支援施設の職員が「やっぱり生まれてからずっと乳児院で、その後は児童養護施設で……っていう子は、根っこがないというか、守るものがないというか、投げやりなそんな感じで。落ち着かないですね」と語っていた。「根っこがない」これはショッ

キングな表現である。自分の生い立ちのことをルーツという。ルーツ（roots）とはつまりは根である。自分の根をしっかりとはれていない状態なら、ふわふわと漂ってしまうのは当然である。

同時に行ったアンケート調査でも「子どもの行動上の困難さによる措置変更」のケースのほとんどが複数回にわたる措置変更を経験していることが示された。第2章「データで見る措置変更の実際」の小括で、「措置変更サイクル」を示しながらこのことを考察したのだが、児童養護施設そして児童自立支援施設・児童心理治療施設の三者（2群）はお互いのバックアップ施設としてのバックアップ機能を果たしながら、18歳までの間に子どもたちに生じる行動上の困難に対して、施設ごとの特性を活かしながら、相互に補完しあい児童を還流させているのである。

この現象が示すのは、乳児院入所から続く、親もわからない、もしくは親との関係が薄いがために、自分たちの生活の根をどこにもはることができなかった子どもたちの姿である。

2. 措置変更される児童の養育の難しさ

もちろん、すべての子どもたちが措置変更されるわけではなく、社会的養護の現状の中で、しっかりと根をはり自立していく子どもの数の方が多い。しかし、なぜ措置変更される子どもがいるのであろうか。そのことを紐解く鍵の1つとして今回の調査で示されたのは、障害を持つ児童そして被虐待体験を持つ児童の割合の高さであった。

障害を持つ児童の割合は、児童養護施設・児童自立支援施設・児童心理治療施設において5割を超えており、2013（平成25）年の全国の社会的養護施設を対象とした調査結果と比較しても、その割合は高い。

また、同様に被虐待体験の有無についても同様の結果が得られた。障害そして被虐待体験は子どもの行動上の問題を生起させることにつながることは広く知られており、養育は難しい。そして、この養育の困難さが措置変更の要因の1つになり得るといえる。

もう1つ、ここで指摘しておきたいのは、今回の調査では1,181ケースのうち606ケースは乳児院からの措置変更で退所したケースであるという

ことである。しかも、その乳児院を退所する子どもは、まだ年齢も低く、もちろん行動上の問題等は起こしていないのにもかかわらず、障害そして被虐待体験を持つ子どもの割合が高くなっている。

　ここから先は少し言い過ぎた表現にはなるが、措置変更になる子どもたちの多くは、乳児院から措置変更になる時点からすでに根がはれない状況に置かれている可能性が高いということである。これは、児童養護施設から措置変更される子どもの29％そして児童自立支援施設から措置変更される子どもの13.1％が乳児院への入所歴を持つという結果からもいえるのである。

3. 施設で何ができるのか？

　措置変更によって子どもは傷つくことは事実である。だからもちろん、措置変更を予防することが大切である。しかし、措置変更を体験した施設は誠実に子どもと向き合っていなかったのか。いやそうではない。それぞれのところで、精一杯子どものために頑張ってきたのである。

　インタビュー調査の中で、児童養護施設からの措置変更の子どもを受け入れた児童自立支援施設の職員は「変更前の施設が持たせてくれた荷物の中にアルバムがあって。その子にも『見てみ。こんなん自分の子にもようできひんで。お前、前の施設で大事に大事にしてもらってたんやで』っていって聞かせて。そしたらその子も『え、そうなん』みたいな。ありがたいなって」と語っていた。そのとおり、日々の暮らしの中で、それぞれは頑張ってきたのである。

　しかし、措置変更は起こる。今回のアンケート調査の中で、「子どもの発達に伴う措置変更」の方が「子どもの行動上の困難さによる措置変更」よりも、措置変更の前に必要な準備ができていたと職員が感じていることが示された。また、アルバムの整理や情報提供等の養育をつないでいく丁寧な努力が「子どもの発達に伴う措置変更」で実施されやすいことが示された。

　措置変更に至るまで、つまりはギリギリの状態になるまで職員の頑張りは続く、だからこそ職員の疲弊を招いてしまい。子どもとの関係が悪化してしまうために、元の施設に戻れる子どもの数は多くはない。早めに措置

変更することの有効性もいわれることがあるが、では誰がどのように判断するのであろうか。措置変更が子どもそして職員の両方の気持ちを揺さぶり、傷をつけられる状況を招くことに思いを寄せながら、しっかりと目の前の子どもにできることを積み上げることしかないようにも感じられる。

（野口啓示）

第2節　子どものパーマネンシー保障の観点から見る措置変更

1. パーマネンシーとは何か

　パーマネンシー（permanency）とは「継続性」と「所属の感覚」という2つの側面で成立する概念であり（Kirton 2009）、欧米諸国における子ども家庭福祉の理念として位置づけられている。日本においても、「子どもにとってのパーマネンシー」は、第1章で述べたとおり、「ケアの継続性」という言葉によって各施設運営指針に明記され、社会的養護の理念や目標の1つとして重要視されている。

　パーマネンシーにおける「継続性」について、園井（2013）は「『養育者』及び『養育環境』の『安定性』と『継続性』」であると定義している。

　パーマネンシーにおける「所属の感覚」については「自分は家族に愛され、家族の一員であることに誇りを感じている」（Thoburn 1998）状態であるとされている。

　つまり、「パーマネンシーに配慮した社会的養護」とは、生みの親とのパーマネンシーが保障されず、家庭復帰が見込めない子どもたちに対して、継続的で安定した養育者との関係や養育環境を保障することであり、施設や里親間をむやみに措置変更されることのないよう配慮することであるといえる。換言すれば、社会的養護を必要とする子ども一人ひとりにとって、今日も明日も変わらずそこにある「我が家」と呼べる居場所を提供し、そこには、子どものことを心から愛し大切にしてくれる養育者が存在し、子どももまたその養育者のことを心から愛し求めることができる関係性が成立していることを意味する[1]。

2. なぜ、施設不適応による措置変更では、乳児院経験者が多いのか

　乳児院の子どもの多くが家庭復帰し家族再統合していく一方で、3割ほどの子どもたちが児童養護施設へ措置変更される。乳児院に入所した時点で、家庭復帰できる可能性が低いことが明らかな場合、積極的に養子縁組の準備を進めることによって、子どもにとって「安定性と継続性ある新たな養育環境」を保障できるのではないだろうか。しかし実際には、養子縁組がなかなか成立しないというマッチングの難しさがある。

　乳児院で育つ子どもの多くが、実親の元に戻ったり、養親や里親のもとに移動したりしていく中で、児童養護施設に措置変更される子どもは何を思うのだろうか。今回の調査では、本章の第1節で述べているとおり、児童養護施設から児童自立支援施設に措置変更となった子どもの多くに乳児院施設経験があった。物心ついた時には施設で生活しており、「なぜ自分は施設で生活しているのか」「どうして親に育ててもらえなかったのか」「自分が生まれた時、親はどう思ったのだろうか」……といった、自分自身の存在にかかる問いに対する答えを持たないまま思春期を迎え、怒りや不安や混乱が行動化という形で悲しく表現されているのではないか。さらにその結果、施設不適応という理由でさらに別の施設へと措置変更されてしまう。自分のことを大切にして欲しくて、自分が愛されていることを確認したくて、でもどう表現していいかわからない混乱の中での行動が、結局は自分の願いとは逆の結果を招いてしまった。それが「施設不適応による措置変更」ではないかと、措置変更された子どもを受け入れる児童自立支援施設や児童心理治療施設の職員たちの語りに触れて考えさせられた。

3. 措置変更の還流の中でのパーマネンシー保障について考える

　児童養護施設から児童自立支援施設や児童心理治療施設に措置変更された子どもの多くが、「元いた児童養護施設に戻りたい」と希望するということが、インタビュー調査によって明らかになった。こうした語りからは、不適応によって生活を継続することが困難になった施設における、そこでの生活や人間関係、職員との関係等に対して、子どもが少なからず「愛着」や「所属の感覚」を持っていたことがうかがえる。

第5章 これからの措置変更のあり方をめぐって　169

　しかし、「元いた施設に戻りたい」という子どもの願いは、多くの場合、かなえられることがないという。その理由を象徴して、複数の施設職員から以下のようなことが語られた。

　児童養護施設の職員は、子どもが少々やんちゃしても、悪さしても、無茶しても、結構ギリギリまで抱え込んで頑張ってしまうんです。乳児院からとか、小さい時から見てる子だったら余計に。やっぱりかわいいですから。

　でも、ギリギリまで頑張りすぎて「もう無理」「もう顔も見たくない！」って限界を超えてから、児童相談所に相談して、措置変更になる。そうなると、もう「元いた施設に再措置変更」って不可能なんですよね。

　だから、子どものことを考えたら、もう少し早めに措置変更に出して欲しいというか、「必要な治療や指導が終わったら、また帰っておいでよ」って送り出せる関係のまま、児童自立支援施設や児童心理治療施設への措置変更を前向きに使って欲しいというか……

　児童養護施設からの措置変更児童を受け入れる児童自立支援施設や児童心理治療施設職員の多くが上記のように語る一方で、児童養護施設からはこうした意見に対して以下のような反論がある。

　児童自立支援施設からは「もっと早くうちに来たら良かったのに」といわれることもある。でもやっぱり児童養護施設としては、そういう発想にはならない。やはりギリギリまで、ここの施設で一緒に生活できる可能性を探りたい。措置変更で他の施設に出すって、なんか「この子の養育はもう無理」と白旗をあげる感覚に似ていて、敗北感というか、子どもに対しても申し訳ないというか…関係修復が可能な段階で措置変更を、といわれるのは理屈では理解できても、気持ちでは理解できない。

親からの虐待経験や発達障害等を持ち、養育が難しいといわれる子どもの入所が増えている中で、「社会的養護における措置変更」と「ケアの継続性（パーマネンシー）の保障」について、今よりも柔軟に捉え、取り組むことはできないだろうか。他者への暴力や性加害等の不適応行動のある子どもについて「入院して治療を終えたら帰ってくる」というコンセンサスのもとで、児童自立支援施設や児童心理治療施設への措置変更を行うのである。

　パーマネンシーの保障という観点から見た時に「措置変更」がなぜ問題かというと、措置変更によって、以前いた施設の養育環境や人間関係等と子どもがまったく断絶されてしまうからではないか。必要な治療や課題を終えたら、また帰ってくることができる。そういう「居場所」「ホーム」があれば、子どもはもっと前向きに自分自身の課題に取り組めるのではないだろうか。そうした意味において、児童養護施設や里親と、児童自立支援施設や児童心理治療施設との役割分担や位置づけの明確化を図った上で、新たな社会的養育体制のあり方について考えることは重要ではないかと考える。

●註
1) パーマネンシー・プランニングの最優先事項は、子どもと実親との関係修復や保障であり、それがかなわない時は一時的な養護を提供しながら家族再統合に向けた最大限の努力を行うことである。それでも家庭復帰や家族再統合が不可能なケースにおいては、パーマネンシー（永続性と所属の感覚）を保障し得る代替養育として養子縁組を行うとされている。日本では欧米と比して「パーマネンシー」という言葉の使われ方が柔軟で、時に欧米とは異なるニュアンスで用いられることもある。本書では、家庭復帰や家族再統合が難しい子どもの代替的養育として、施設や里親がいかに「パーマネンシー」を保障できるかという視点で論を展開しているが、これは、「里親養育はパーマネンシーではない」とする欧米の定義とは異なる用語の使い方である。

（伊藤嘉余子）

第3節 措置変更プロセスで「愛着をつなぐ」

1. 乳児院から里親・児童養護施設への措置変更におけるジレンマ

　乳児院から里親や児童養護施設への措置変更においては、子どもを送り出す側である乳児院と、措置変更を受け入れ、これから長く養育する立場にある施設や里親との間で少なからず姿勢や意識のギャップがあることがインタビュー調査からは明らかになった。

　乳児院の職員には、2〜3歳という発達上、混乱しやすい段階にある子どもに配慮して、なるべく長期にわたり複数回「ならし保育」や「面会や外出等による交流」を重ねた上で、措置変更の日を迎えたいという思いが強いのに対して、里親の場合は「どうせうちで生活することが決まってるのだから、1日でも早く措置変更させて欲しい」という思いを持つ人が多く、児童相談所もそうした里親の思いを尊重することが少なくないという。

　児童養護施設の職員の場合、ならし保育の実施についての理解は年々浸透してきているものの、措置変更後の乳児院職員と子どもとの交流については「早く新しい職員や施設生活に慣れて欲しいから、乳児院の職員のアフターケアはあまり積極的に受けない」という意見が少なからずあった。

　乳児院の場合、多くのケースにおいて、乳児院での生活や職員との関係が、子どもの記憶に鮮明に残ることは少ないだろう。それでも乳児院の職員たちの心を込めた関わりが、子どもたちの人格形成の礎を形成することになる。子どもにとっても、幼い自分の世話をしてくれた人の存在を知り、交流を継続することは、将来にわたる人格形成や自身の自己肯定感を涵養していくにあたって重要なことではないだろうか。

　乳児院からの措置変更が「過去との断絶」になってはならない。「乳児院でも大切に育てました。ここから先はお任せします。どうぞよろしく」という愛情や愛着のバトンを次の養育者に渡していくような措置変更であって欲しい。そして、子どもが望めばいつでも交流できる関係を継続できることも重要である。人にとって最も重要な愛着対象である生みの親と離れてしまい、愛着を結ぶことができなかった子どもにとって、複数の大人と愛着を形成しておくことは非常に大切である。「生みの親には恵まれ

なかったが、こんなにたくさんの愛情を受けとりながら育つことができた」と子ども自身が実感できるような「愛着のバトンリレー」を社会的養護の中で継続していくことが必要でないだろうか。

2. 愛着のリレーとアドボカシー

次に、児童養護施設や里親家庭で不適応となり児童自立支援施設や児童心理治療施設に措置変更されてきた子どもが、必要な治療や課題を終えて、また枠の少ない施設や里親に措置変更される時「愛着をどうつなぐか」について考えてみたい。

児童自立支援施設や児童心理治療施設の職員は、子どもの努力や成長、我慢している姿等に多く触れながら生活を共にしている。措置変更当初は、子どもにとって「不本意な措置変更」であることが少なくないだろう。しかし、そうした施設生活の中で、自分にとって大きな成長の糧となるような忍耐や抑制を経験することになった辛い時期を見守り、生活や感情を共有してきた職員とは強い愛着を形成できるのではないだろうか。

しぶしぶながらやってきた子どもたちを受け入れ、成長を促し、支えてきた児童自立支援施設や児童心理治療施設の職員が、今度は児童養護施設や里親に子どもを措置変更で送り出す時になった場合、その施設でいかに子どもたちが努力し、成長したのかというプロセスと、子どもたちのストレングスや可能性について、次の養育者にしっかりと伝えていくことが大切になろう。もともと子どもにとって「来たくて来たわけではない」「不本意な措置変更」だったかもしれないが、その施設での生活で子どもたちがどのように自分の持てる力を発揮できるようになったのか、次の養育者にポジティブに伝えることが「愛着をつなぐ」措置変更であり、子どものアドボカシーの実践といえるのではないだろうか。

ここで頑張れたのだから、きっと次の、これからの新しいところでも、しっかり生活できるはずだと、誰よりも職員が信じて、その信頼を子どもと新たな養育者に伝え、共有することが大切ではないだろうか。

（伊藤嘉余子）

第4節　母子生活支援施設と他施設とのネットワーク

1．母子生活支援施設の措置変更が示すこと

　母子生活支援施設が他の社会的養護を担う児童福祉施設と違う一番明確なものは、母子の単位で入所するということである。そのために入所という言葉よりも入居という方がぴったりくる。また、母子生活支援施設の場合の措置変更では、母子生活支援施設からの退所は母子分離、そして入所は母子再統合になる。そのために、子どもへの配慮よりも母子への配慮、つまりは母親への配慮が大きくなることが多い。

　実際に今回実施したアンケート調査でもこの傾向がはっきりと示された。調査では、措置変更にあたって各施設で配慮した事柄を尋ねた。その結果、児童養護施設・児童自立支援施設・児童心理治療施設では、実際に配慮した事柄の上位項目として、「子どもの自尊心を傷つけないような伝え方を工夫する」「子どもの同意を得る」「子どもの意見を聴取する」といった子どもの権利に配慮する項目が挙がっていたのに対し、母子生活支援施設では、「保護者の意見を聴取する」「保護者に対して、子どもの最善の利益について理解を得る」「保護者の理解を得るために面接を実施する」といった保護者に配慮した事柄が上位に挙がった。

　また、インタビュー調査においても、職員から語られたのは、母に関する事項がそのほとんどであり、母親への共感的理解の困難さに関する語りも多く見られた。特に印象的だったのが、新しい恋人ができたことにより子どもへの関わりがおざなりになる等した場合に、子どもの立場を母親に理解してもらおうと子どもの代弁者となったことから、「女性である母親」との対峙が生まれ、母子への支援が難しくなってしまったと職員がジレンマを感じる語り等である。

　常に子どもだけでなく母子という単位で支援をしなければならない難しさはこの大きなライフイベントである措置変更に関する支援においても多くの影響を与えているようである。

2. 母子生活支援施設の特殊性

　上記において、母子という単位で入所することから生まれる措置変更への支援の違いについて見てきたが、母子生活支援施設は他の社会的養護を担う施設と比べるとまったく違うものなのか。ここではアンケート調査から浮かび上がった実態を報告しながら考えていきたい。

　まず、子どもの特徴を見てみる。障害の有無に関してみれば、障害があるという子どもの割合は23.1％となっており、50％を超えている児童養護施設・児童自立支援施設・児童心理治療施設と比べると低い割合になっていた。しかし、被虐待体験の有無に関しては87.5％となっており、トップの児童心理治療施設88.5％に次ぐ高さである。

　では、なぜ母子生活支援施設で暮らす子どもたちが高い被虐待体験を持つのか。実はこれが母子生活支援施設の特殊性を明らかにするものとなる。

　母子生活支援施設の被虐待体験の種別（複数回答）を見ると、心理的虐待が71.4％となっているが、他の社会的養護を担う施設を見てみると、心理的虐待の割合は50％以下となっており、ネグレクトがトップに来るプロフィールを示す。では、なぜ母子生活支援施設では心理的虐待が多いのか。それはDV件数の上昇と関係するのである。現在、子どもがDVを見るのは、心に大きな傷を残すことから、心理的虐待としてカウントすることになっている。つまり、母親のDV被害のために入所する母子が母子生活支援施設に多く入所しているために心理的虐待の割合が増えたのである。

　そして、母子生活支援施設の措置変更先の内訳を見てみると、その47.8％が同じ施設種別の母子生活支援施設に措置変更になっていた。そしてこの理由を調べると県外の母子生活支援施設に母子の単位で移動しているケースが多いことがわかった。つまりDV加害者から逃れるための措置変更が半分ほどになるということである。このことが示すのは、他の種別の施設が社会とのつながりを重視し、子どもの自立支援をサポートしていくのに対し、母子生活支援施設は、社会との関係を断ち、母子をDV加害者から守るという役割が期待されているということである。実際にDVを理由とする入所理由は年々増加しており、DVを理由とする入所は半数を超えている。

第5章　これからの措置変更のあり方をめぐって　175

　もちろん子どもからの暴力やうまくしつけができないことを理由とする措置変更もあり、冒頭に記したような措置変更にまつわる母子分離・母子再統合といった特殊性も存在するのだが、DVへの配慮から生まれる支援は他の施設での支援とは大きく異なってくるのである。そのためか、インタビュー調査では、様々な機関との連携の難しさも述べられた。特に児童相談所との連携の難しさが多く挙がっていたが、これは、子どもを中心として子ども家庭を考えていく児童相談所と母の安全を確保しながら子ども家庭への支援を展開する母子生活支援施設の立場の違いから生まれてくるのではないかと思われる。

　DVという現代社会の大きな問題は社会的養護のあり方の質をも変えていっているのであり、措置変更のあり方にも大きな影響を与えているといえる。

（野口啓示）

第5節　施設と里親の連携

1.「里親不調」という言葉

　里親委託された子どもが措置解除や措置変更になった時に「里親不調」という言葉が使われることがある。しかし、この言葉には、うまくいかなかったのは里親の力のなさの責任というニュアンスが少なからず含まれてしまうため、違和感を覚える。例えば、第4章の第2節で紹介した児童自立支援施設から里親への措置変更ケースのような場合、里親家庭での養育がうまくいかなかったことを里親のせいにはできないだろう。

　第2章のアンケート調査において、乳児院からの措置変更では、児童養護施設への措置変更が65.9％と最も多いのと同時に、里親への措置変更も25.9％と多く見られた。また、児童自立支援施設から里親への措置変更が14.7％も行われているのは注目すべきことである。さらには、児童自立支援施設で措置変更になった子どもの83.8％は被虐待経験があり、52.2％は何らかの障害を持っていることがわかった。こうした愛着や発達に深刻な課題を抱えたケースへの支援を里親家庭だけで完結させることは非現実的

だと思われる。

そうした背景を踏まえた上で、児童自立支援施設から里親への措置変更ケースに関する以下のような里親の語りに焦点を当てたい。

　結局私どもに来るお子さんは、児童養護施設で迷惑かけて放り出されて児童自立支援施設（略）に入れられて（略）卒業したら行くところがないっていうことで（略）親もちょっと引き取りをちょっと拒んでるから何とかお願いしますっていうことで。

　例えば「家庭引き取り」じゃなくて「不調」っていう言葉すごく使いますけど（略）里親さんとこに来て里親さんとこから家庭引き取りっていうことになるっていうことは、それは「失敗」じゃなくて「家庭引き取りへの一番近道」っていうか。

　里親さんとこで色んなことあったとしても一番最終的には、家庭復帰っていうことが、家族再生っていうことができるっていうことは、やっぱり、この里親委託っていうのは間違いじゃなかったんじゃないかなって。

　里親委託後の措置解除や措置変更は、子どもと里親の双方にとって心理的なダメージが大きいため、可能な限りは避ける必要がある。そのため、措置の決定を行う児童相談所には、個々のケースの里親家庭での対応可能性について慎重にアセスメントすることが求められる。しかし、現実問題としては、他に行き場がないため、最後の受け皿として里親への措置変更が検討されることも少なからずある。里親自身も、そのことは十分に理解しているため、その後の対応に不安を抱えながらも受け入れを決断してくれる。実際に、この事例では、児童自立支援施設を退所する時に、家庭が引き取りを拒否し、他の施設でも対応が難しかったため、里親への措置変更となった。様々な課題を持つ中高生のケースを施設から里親のところに措置変更すれば、何らかの問題行動が生じるのは当然のことであり、そのことを「失敗」や「不調」と表現すること自体そぐわないだろう。むしろ、そのことをきっかけに、今までは子どもの養育を施設に任せきりだった保

護者が「自分が見るしかない」という親としての覚悟を持つようになり、家庭引き取りに至ったのだとすれば、この措置変更には子どもにとって意味があったと捉えることもできる。

　そのように考えると、里親委託後の措置変更や措置解除は、決してネガティブな側面ばかりではない。突き詰めて考えていけば、措置変更とは、第4章の第2節においてTEAのセカンド等至点として得られたように、その時の限られた選択肢の中から子どもの最善の利益を追求するプロセスそのものと捉えることができる。そのため、家庭や施設、里親での対応が限界になったら、「本当にご苦労様です。次は私が引き受けるから安心して下さい」というようにお互いがバックアップ機能を果たしていくことが重要だと思われる。

　こうした側面をまったく考慮せずに里親委託後の措置変更等を「不調」という言葉で表現してしまったら、子どもと必死で向き合っている里親は報われないだろう。そのため、措置変更を考える上では、社会全体で子どもを養育していくという社会的養護の理念に立ち戻り、施設と里親の連携のあり方についても見つめ直していく必要があると思われる。

2. 連続性のある支援の実現に向けて

　施設から里親への措置変更は、子どもを里親のところに委託すればゴールというものではない。むしろ措置変更後の子どもへの支援が大切であり、その前後で連続性のある支援を提供していくためには、里親一人だけではなく、チームの力が必要不可欠である。そこで、施設と里親の連携のあり方が重要となる。

　第2章のアンケート調査では、「措置変更先に子どもについての情報提供を行う」のは、乳児院が89.6%、児童養護施設が79.3%、児童自立支援施設が86.0%、児童心理治療施設が94.9%というように、いずれも高い水準であった。しかし、里親の語りの中には、「施設同士のやりとりより里親っていうのは、やっぱし包み隠されるっていうのはあります」「説明をまったく最初聞いていなかったんですけど、おねしょをするんですね（略）それなら先にいって欲しかったって思いました」というような《情報不足へ

の戸惑い》が多く見られた。また、「施設同士やったら割と遠慮なく話を
できるんだろうけど、やっぱり施設の方も里親さんっていうことで遠慮が
ちに（略）話してくれてはるし、こっちはこっちで気遣いながら話して。
そこでの行き違いが結構起こってるんで」というもの等もあり、施設と里
親という関係性ならではの難しさがあるようであった。したがって、施設
と里親の連携という点では、措置変更時の子どもに関する情報提供のあり
方等の基本的なことから見直していく必要があると思われる。

　第4章第1節の里親へのインタビュー調査の結果によると、措置変更後
の対応としては、〈「今ここで」の試し行動への対応〉が重要な局面となる。
里親支援を難しくさせている要因の1つとして、〈相談できない気持ち〉
があり、里親は問題が起きても一人で抱え込んでしまう傾向が見られるが、
そうした中で、里親がSOSを出すことを契機に児童相談所や施設との連
携が有効に機能したケースもある。里親の「一番最初の子の時は、先生が
ちょこちょこ来ましたわ（略）（子どもは）結構喜んでるね」という語りが
あるように、子どもや里親は、元の施設の職員との交流を肯定的に捉えて
いることが多い。そのため、子どもと関わりのあった施設職員等が里親の
ところに家庭訪問する等のアウトリーチ支援も有効だと思われる。

　また、措置変更後には、こうした面前の子どもへの対応に追われるだけ
ではなく、《実親との交流》《前施設とのつながり》《里親からの真実告知》
といった〈これまでの生い立ちの整理〉も同時並行的に扱われている。将
来的な自立に向けて、子どもの現在、過去、未来の課題と向き合い続ける
ためには、里親だけの力では限界があり、児童相談所、施設、児童家庭支
援センター、NPO法人等の民間の里親支援機関、里親会等によるサポー
トが必須である。もともと里親支援は、児童相談所の職員が中心となって
行われてきたが、近年では、それを施設が補佐することが求められている。
そのため、乳児院や児童養護施設に配置されている里親支援専門相談員の
重要性は、今後さらに増していくと考えられる。

　わが国では、施設養護から家庭養護への転換が掲げられているが、里親
委託率の上昇イコール社会的養護の質の向上を意味するものではないだろ
う。大切なのは、里親委託率等の数値ではなく、その中身である。すなわ

ち、子どもの健全な発達を保障するために、いかに社会全体で子どもを養育していくのか、そのあり方が問われているといえる。そこで1つの鍵となるのは、施設と里親の連携可能性を模索していくことであり、様々な人が里親に積極的に関わっていくネットワークを重視した里親支援を実現するために、施設と里親をつなぐ役割を担う里親支援専門相談員の活躍が期待される。

(千賀則史)

第6節　今後の課題

　2016（平成28）年7月29日から、厚生労働大臣の下に「新たな社会的養育の在り方に関する検討会（以下、検討会）」が発足している。「検討会」では、「社会的養育全体像とその達成プロセスへの提言」の1つとして、「『継続性』『永続性』を担保するソーシャルワークへの提言」を挙げている。最後に、検討会が出している提言を踏まえ、今後の検討課題として以下の3点について問題提起をしたい。

　1つは、措置変更時における子どもへの説明と同意形成のプロセスへの配慮である。子どもの年齢や措置変更理由にかかわらず、なぜ養育の場を移らなくてはいけないのかという理由の説明や、これまで大切にしてきた人間関係や環境とのつながりの継続性を保障するための支援を誰がどのように担っていくべきなのか、変更前の施設、変更後の施設、児童相談所の三者の連携や役割分担等について十分に検討する必要がある。

　今回、アンケート調査において、措置変更となった子ども自身への配慮が重要だと考える職員が多い一方で「他児への配慮」も重要視されていることがわかった。またインタビュー調査では、本人への措置変更理由の説明が「説得」に近い形で行われ、諦めに近い同意形成が行われている現状がうかがえた。子どもにとって「措置変更」をどう意味づけできるのか、施設や児童相談所がしっかり議論する必要があるのではないだろうか。

　2つ目として、措置変更となる子ども本人のアドボカシーの保障である。例えば、児童養護施設で他児への暴力等の加害行為によって他施設へ措置

変更となる子どもにも、自らの被害性を含めたいわゆる「言い分」を主張できる機会が必要ではないか。「検討会」の中では「子どもの権利擁護（アドボカシー）システム作り」も案として挙がっているが、その一環として、措置変更時のアドボカシーについても視野に入れた検討が行われることを期待する。

　3つ目は、措置変更をなるべくせずに「ケアの継続性」を担保できるような支援システムの構築・創設である。里親家庭や施設の小規模ケアやファミリーホーム等、小規模化・地域分散化がなされた養育形態における養育担当者の負担や不適切な養育へのリスクが指摘されている。家庭（的）養護の推進と養育者のケアやサポートを両輪として前へ進めていく必要がある。また、どうしても措置変更せざるを得ないケースにおいても、「措置変更＝今生の別れ」ではなく、「一緒に生活できないけれども、見守られている」と子どもが「つながり」を感じながら新たな環境で生活していけるような配慮、つまり「ケアの継続性の保障」が必要である。

　いっぽう社会的養護の施設における職員の離職率の高さが指摘されている。たとえ同じ施設で長く育つことができたとしても、養育者である職員が次々に代わるような生活では、継続性や所属の感覚といったパーマネンシーを子どもに保障することは困難である。

　子どもたちが、辛い過去と向き合ったり、これから自立に向けて成長したりしていくプロセスを支えるためにも、里親や施設職員が燃え尽きることなく役割を継続できるよう、持続可能な社会的養育のあり方について具体的に検討していく必要があるだろう。

（伊藤嘉余子）

コラム❺

措置変更に伴う
「子どもの傷つき体験」そして
「職員の持つ倫理上の痛み」

野口　啓示

　私は児童養護施設に18年勤めた。その間に、いくつかの措置変更を経験した。里親委託の場合は万歳三唱で送り出せるのだが、児童自立支援施設への措置変更となると、事情は違う。措置変更になった理由が子どもの起こした問題に起因したものになるからだ。

　施設内での暴力や問題行動が積み上がり、職員の力量を超えたために、一時保護そして、そこから措置変更となる場合、職員としては本当に子どもにすまないという気持ちを持ちつつも、少しほっとしてしまう自分に罪悪感を抱くことが多かった。そして、「本当にこれで良かったのか」という思いは、自分自身からも、そして様々な職員からも出てきて、施設内の人間関係がごちゃごちゃになってしまうことを経験してきた。とても苦しい体験だった。

　特に、5年半務めた施設長時代は、自分が最終的な決断をせざるを得ない立場だったので、措置変更する／しない、のどちらに動いても、心が切り裂かれるような思いであった。措置変更すると、「子どもに悪い」と感じ、措置変更しない時は、本当に子どもを見ることができるのかと不安になり、「職員に悪い」と感じた。

　みなさんに知っていてもらいたいのは、施設職員は喜んで子どもを措置変更しているのではないということである。措置変更になるケースはよっぽどのことである。措置変更へ至るまで、数々の問題を起こし、そのたびに職員はその問題に対処するのだが、うまく対処できなかった場合に、措置変更となる。つまりは、職員は、何度も何度もその子どもへの対処がうまくできないと悩み、そして苦しむ。色々なことをするが、うまくいかない。つまり措置変更とは、施設としての策がなくなった状態、ギブアップである。完全な敗退なのだ。

　この本のもとになった厚生労働省からの受託研究事業の一環として、施

設職員や児童相談所職員等がメンバーとなって「措置変更のあり方に関する検討会」が立ち上げられた。その中で、私たちは措置変更に関して、様々な議論を行った。私はそこで、「措置変更は子どもの最善の利益のために行われるのだから、良い措置変更と悪い措置変更があるという考えはおかしい。子どものためにならない措置変更が実施されること自体が問題である」と発言したが、心の中では、「でも、子どもを傷つけてしまう措置変更はある」と感じていたし、事実、私は、子どもを傷つける措置変更も経験した。

　では、なぜそう思ったのか、それは、一時保護所から措置変更になる子どもたちは、一時保護所から元のいた児童養護施設に帰るのを楽しみにしており、児童自立支援施設へと措置変更になるとは微塵も思っていないからである。だから、一時保護が長期化すると子どもたちは怒りだし、イライラを募らせ、時には一時保護所を抜け出して帰ってくる。抜け出して帰ってきた子どもを無理やり車に乗せ、一時保護所に連れて帰る途中に子どもから「なあ、帰られへんの？」と訊かれた時、胸は張り裂けそうだった。

　また、児童自立支援施設の職員から「高校は野口先生の施設から通えるところでいいですよね」といわれ、「実は、受け入れることが難しい」ということを伝えた時、自分の体が小さくなり、どこかの穴にすとんと入ってしまうような気になり、そのようになったらいいなと本当に思った。

　児童養護施設に入所している子どもの多くは「親から見放された」と感じていることはもちろんわかっている。そして、どんな事情があったとはいえ、施設が子どもを他の施設に措置変更するということは、施設からも見放されたと子どもが感じるであろうこともわかっている。しかし、現実には、措置変更は起こっている。

　措置変更先の施設で頑張っている子どもの様子を見て、この経験が良いものになって欲しいとの思いは嘘ではないが、それ以上に、「すまない、本当にごめんね」という気持ちの方が強い。そして、再受け入れができない場合、措置変更先からの「子どもが頑張っている様子を見に来て下さ

い」とのお誘いにすら、すぐに「いい返事」ができない自分自身に苦悩し、面会すら躊躇したこともあった。そして自分自身の弱さを感じた。

　措置変更は、子どもの最善の利益を考えた結果である。しかし、そこには、子どもの傷つき体験、そして職員の持つ倫理上の痛みが伴うのである。そのことをもっと深く感じ、考えていくことが私たち一人ひとりに求められているといえる。

あとがき

　本書は、編者を含めた 8 名の執筆者によって書かれたものです。

　執筆者全員が 2015 年度厚生労働省子ども・子育て支援推進調査研究事業「措置変更ケースにおける支援内容や配慮事項に関する調査研究事業」（課題番号 16）（事業担当者：伊藤嘉余子・大阪府立大学）を共に進めてきたメンバーです。本書の執筆者以外に、次ページのメンバーで構成した研究チームで本研究事業実施に取り組みました。研究メンバー各位に、あらためて感謝申し上げます。本務ご多忙の中、毎回休日に開催した研究会への積極的なご参画や昼夜問わず活発な議論をかわしたメーリングリストでの皆様の御協力がなければ、本研究は成し得ることができませんでした。

　また、アンケート調査やインタビュー調査の実施にあたりましては、多くの施設、児童相談所、里親の皆様にご協力を賜りました。この場をお借りして厚く御礼申し上げます。

　この調査研究では、各般の事情により、施設職員および里親を対象とした調査しか行えませんでした。措置権限を持つ児童相談所のワーカーや措置変更の当事者であった子どもたちにとっての措置変更プロセスは、施設職員による語りとはまた違うストーリーになると思います。措置変更とは何か？　その意味や意義について、子どもにとって、施設職員にとって、里親にとって、児童相談所の担当ワーカーにとって、措置変更がどのような意味を持つのか、また「子どもの最善の利益に配慮した措置変更」のあり方について、今後も継続して検証していきたいと思います。

　研究事業交付から年度末までのわずか約 5 か月という短期間に、全国の乳児院、児童養護施設、児童自立支援施設、母子生活支援施設、児童心理治療施設を対象とした 3 種類のアンケート調査、全種別施設の職員及び措置変更の経験のある里親を対象としたインタビュー調査を実施しました。毎月開催した研究会では、収集した膨大なデータの分析や結果の考察を進

めました。慌ただしい中でも活発な議論を重ね、多様な意見と真摯に向き合い、それぞれの調査結果を丁寧に考察し、慎重かつ地道なプロセスを重ねてきた本研究の成果をこうして1冊の本として結実することを研究事業担当者として、かつ本書の編者として大変うれしく思います。本研究成果を本にすることをご提案して下さいました明石書店の深澤孝之氏、編集の労をおとり下さいました岡留洋文氏に心より御礼申し上げます。

　措置変更に関する先行研究が少ない中、本書が、日本の社会的養護における措置変更や子どもにとっての永続性（パーマネンシー）の保障のあり方に関する議論や制度の見直しの一助となることを念じ、読者の皆様からの忌憚のないご意見を心よりお待ちしています。

　　　2017年11月　執筆者を代表して　　　　　　　　　伊 藤　　嘉 余 子

円滑な措置変更のあり方に関する検討委員会メンバー

伊藤	嘉余子	大阪府立大学　准教授（現：大阪府立大学　教授）
野口	啓示	野口ホーム（里親）（現：福山市立大学　准教授）
石田	賀奈子	神戸学院大学　講師（現：立命館大学　准教授）
福田	公教	関西大学　准教授
石田	慎二	帝塚山大学　准教授
原田	旬哉	園田学園女子大学　准教授
上利	久芳	乳児院　聖母託児園　施設長
西嶋	嘉彦	児童養護施設　清心寮　施設長
白土	隆司	児童心理治療施設　あゆみの丘　施設長
六川	徳子	乳児院　ガーデンエル　家庭支援専門相談員
西川	千絵	児童養護施設　大阪西本願寺常照園　児童指導員
山田	優	児童養護施設　聖家族の家　家庭支援専門相談員
島谷	信幸	乳児院　聖母託児園　児童指導員
千賀	則史	児童自立支援施設　愛知県立愛知学園　心理療法担当職員 （現：名古屋大学ハラスメントセンター講師）
福井	伸弥	児童心理治療施設あゆみの丘　主任指導員 （現：児童養護施設岸和田学園　主任指導員）
大澤	徳和	元：児童養護施設　丘の家子どもホーム　指導員
梅原	啓次	大阪市里親会会長　専門里親
久保	樹里	大阪市こども相談センター　虐待対応担当課長代理 （現：大阪歯科大学　医療保健学部　講師）
森本	武志	大阪市こども相談センター　医師
新籾	晃子	大阪府東大阪子ども家庭センター　育成支援課長
江平	早織	大阪府立大学地域保健学域教育福祉学類4回生 （現：児童養護施設　小鳩の家　保育士）

（所属・肩書は2015年度末当時のもの）

巻 末 資 料

措置変更の実施状況についてのアンケート調査票
措置変更で入所してきた児童についてのアンケート調査票
措置変更で退所した児童についてのアンケート調査票
施設インタビューガイド

措置変更の実施状況についてのアンケート調査票

厚生労働省　平成 27 年度子ども・子育て支援推進調査研究事業
「措置変更ケースにおける支援内容や配慮事項に関する調査研究事業」
（主任研究者：伊藤嘉余子）

措置変更ケースにおける支援内容や配慮事項に関する

アンケート調査

　この調査は、児童福祉施設を対象に、措置変更として他施設等へ送り出したケース及び他施設等から受け入れたケースについて、措置変更を必要とする児童の実態や措置変更施設間における連携の課題、措置変更を行うにあたって苦慮されている点などを明らかにすることを通して、措置変更ケースにおける円滑な支援プロセスを確保するために必要な事項について提言をすることを目的とするものです。本研究は、厚生労働省の平成 27 年度子ども・子育て支援推進調査研究事業「措置変更ケースにおける支援内容や配慮事項に関する調査研究事業」（主任研究者：伊藤嘉余子）の一部として行うものです。

　ご多忙の折、まことに恐縮ですが、どうか本調査研究の趣旨をご理解いただき、ご協力を賜りますようよろしくお願いいたします。

　また、本調査は①**貴施設における措置変更の実施状況をお答えいただくもの、②措置変更で退所した児童についてお答えいただくもの、③措置変更で入所してきた児童についてお答えいただくもの**、の 3 種類の調査票へのご回答をお願いいたします。この質問紙は、**貴施設における措置変更の実施状況**をおたずねいたします。

　なお、調査の解析はコンピューターを使用してすべて統計的に処理されますので、回答者個人、施設名等が特定されたり、個人データが外部に漏れたりすることはございません。調査結果につきましても、プライバシーに十分配慮し、個人名、施設名等は一切公表いたしません。

　お忙しいところ恐縮ですが、ご記入済みの調査票は同封の封筒に入れて厳封していただき、平成 28 年 1 月 15 日までにご返送いただきますようお願い申し上げます。

　調査についてご不明な点がございましたら下記の連絡先までご連絡くださいますようよろしくお願いします。

　　＜連絡先＞
　　　〒599-8531　大阪府堺市中区学園町 1-1
　　　大阪府立大学　人間社会学部社会福祉学科　准教授
　　　　伊　藤　嘉　余　子
　　TEL＆FAX　072-254-9796　e-mail: tki23040@osakafu-u.ac.jp
　　　　調査担当者名　　石田賀奈子

貴施設についておたずねいたします

問1.

問1－1．貴施設の施設種別を以下からお選びください。

1．乳児院　2．児童養護施設　3．児童自立支援施設　4．情緒障害児短期治療施設 5．母子生活支援施設　6．その他（　　　　　　　　　　　　　　　　　　　　　）

問1－2．貴法人内に併設の児童福祉施設があれば、以下からお選びください。

1．乳児院　2．児童養護施設　3．情緒障害児短期治療施設　4．母子生活支援施設 6．その他（　　　　　　　　　　　　　　　　　　　　　　　　　　　　　　　）

問2．貴施設の入所児童数についてお答えください。（平成27年10月1日現在）

A．入所定員	（　　　　　）名	A'．あるいは（　　　　　）世帯
B．入所児童数	（　　　　　）名	B'．あるいは（　　　　　）世帯

問3．入所児童の生活形態についてお答えください。

例）「小舎制」、「大舎制+グループホーム」など

問4．職員の配置状況についてお答えください。

問4－1．それぞれの職種の人数、勤続年数（直接処遇職員は平均、家庭支援専門相談員・心理療法担当職員・里親支援専門相談員はもっとも長い方の勤続年数）をご記入ください。

	人数	勤続年数
A.直接処遇職員（児童指導員・保育士等）	名	平均　（　　　　　）年
B.家庭支援専門相談員	名	（　　　　　）年
C.心理療法担当職員	名	（　　　　　）年
D.里親支援専門相談員	名	（　　　　　）年

問4－2．家庭支援専門相談員（ファミリーソーシャルワーカー）の勤務形態についてお答えください。

1．専任　2．他職種と兼任　3．その他（　　　　　　　　　　　　　　　　　　）

問5．入所児童の家族支援・家族対応・ケースワークについて、中心的に取り組んでおられる職種すべてに○をお付けください。また、その中でもっとも中心的役割を担う職種について◎をおつけください。

1．施設長　2．副施設長　3．主任児童指導員　4．児童指導員　5．主任保育士 6．保育士　7．心理療法担当職員　8．家庭支援専門相談員　9．里親支援専門相談員 10．その他（　　　　　　　　　　　　　　　　　　　　）

2

次頁以降では、貴施設での２０１４年度の措置変更の実施状況についておたずねいたします

問６－１．他施設等への措置変更ケース　　　　１．あった　　　　２．なかった

問６－１－１．あったとお答えになった場合、その内訳をおきかせください

		措置変更先								
		ｱ. 乳児院	ｲ. 児童養護施設	ｳ. 児童自立支援施設	ｴ. 情緒障害児短期治療施設	ｵ. 母子生活支援施設	ｶ. 養育里親	ｷ. 養子里親	ｸ. 専門里親	ｹ. ファミリーホーム
人数	A. 男児									
	B. 女児									
	C. 計									
児童の年齢	D. 0～3歳									
	E. 4～6歳									
	F. 小学校1～3年									
	G. 小学校4～6年									
	H. 中学生									
	I. 16～18歳									
措置変更の理由	J. 養子縁組のため									
	K. 家庭的な養育環境が必要と考えられたため									
	L. 年齢超過のため									
	M. 治療が必要なため									
	N. 治療が終結したため									
	O. 職員への暴力									
	P. 児童間の暴力									
	Q. 性的な逸脱行動									
	R. 不登校									
	S. 精神疾患									
	T. 知的障害									
	U. 身体障害									
	V. 発達障害									
	W. 深夜徘徊・無断外泊・万引き等									
	X. 少年法での対応									
	Y. 進学									
	Z. 保護者の転居									
	AA. その他									

問6−2. **他施設からの措置変更ケース**　　　　　1. あった　　　　2. なかった

問6−2−1. あったとお答えになった場合、その内訳をおきかせください。

		措置変更先								
		a.乳児院	b.児童養護施設	c.児童自立支援施設	d.情緒障害児短期治療施設	e.母子生活支援施設	f.養育里親	g.養子里親	h.専門里親	i.ファミリーホーム
人数	A.男児									
	B.女児									
	C.計									
児童の年齢	D.0〜3歳									
	E.4〜6歳									
	F.小学校1〜3年									
	G.小学校4〜6年									
	H.中学生									
	I.16〜18歳									
措置変更の理由	J.養子縁組のため									
	K.年齢超過のため									
	L.治療が必要なため									
	M.治療が終結したため									
	N.職員への暴力									
	O.児童間の暴力									
	P.性的な逸脱行動									
	Q.不登校									
	R.精神疾患									
	S.知的障害									
	T.身体障害									
	U.発達障害									
	V.深夜徘徊・無断外泊・万引き等									
	W.少年法での対応									
	X.進学									
	Y.保護者の転居									
	Z.その他									

問7．措置変更において配慮しておられることがありましたらご自由にお考えをご記入ください。

問8．措置変更において、苦慮されていることがありましたらご自由にお考えをご記入ください。

この質問紙にお答えいただいた方についておたずねいたします

Ａ１．あなたの職種についてお答えください。

1．施設長	2．副施設長	3．主任児童指導員	4．児童指導員	5．主任保育士
6．保育士	7．心理療法担当職員	8．家庭支援専門相談員		9．里親支援専門相談員
10．その他（				）

Ａ２．児童福祉施設での経験年数についてお答えください。　（　　　　）年（　　　　）か月

Ａ３．現在の施設での経験年数についてお答えください。　（　　　　）年（　　　　）か月

Ａ４．性別についてお答えください。　　　　　1．男　　　　　2．女

Ａ５．年齢をお答えください。

1．20〜24歳	2．25〜29歳	3．30〜34歳	4．35〜39歳	5．40〜44歳
6．45〜49歳	7．50〜54歳	8．55〜59歳	9．60〜64歳	10．その他（　　　）

質問は以上です。ご協力ありがとうございました。
措置変更事例に関するアンケート調査へのご協力を引き続きよろしく
お願いいたします。

この調査は、匿名でのご回答をお願いしております。もし調査票の内容について、
確認させていただきたいことがあった場合のご連絡が可能な場合のみ、下記に
ご連絡先をご記入ください

貴施設名	
お電話番号	－　　　　－　　　　（内線：　　　）
ご担当者名	

措置変更で入所してきた児童についてのアンケート調査票

厚生労働省　平成 27 年度子ども・子育て支援推進調査研究事業
「措置変更ケースにおける支援内容や配慮事項に関する調査研究事業」
（主任研究者：伊藤嘉余子）

措置変更ケースにおける支援内容や配慮事項に関する

アンケート調査（入所児童用）

　　この調査は、児童福祉施設を対象に、措置変更として他施設等へ送り出したケース及び他施設等から受け入れたケースについて、措置変更を必要とする児童の実態や措置変更施設間における連携の課題、措置変更を行うにあたって苦慮されている点などを明らかにすることを通して、措置変更ケースにおける円滑な支援プロセスを確保するために必要な事項について提言をすることを目的とするものです。本研究は、厚生労働省の平成 27 年度子ども・子育て支援推進調査研究事業「措置変更ケースにおける支援内容や配慮事項に関する調査研究事業」（主任研究者：伊藤嘉余子）の一部として行うものです。

　　ご多忙の折、まことに恐縮ですが、どうか本調査研究の趣旨をご理解いただき、ご協力を賜りますようよろしくお願いいたします。

　　この調査票は他施設・里親等からの措置変更で貴施設に入所してきた児童についてお答えいただくものです。該当する児童おひとりにつき 1 冊お答えいただきます。

　　なお、調査の解析はコンピューターを使用してすべて統計的に処理されますので、回答者個人、施設名等が特定されたり、個人データが外部に漏れたりすることはございません。調査結果につきましても、プライバシーに十分配慮し、個人名、施設名等は一切公表いたしません。

　　お忙しいところ恐縮ですが、ご記入済みの調査票は同封の封筒に入れて厳封していただき、平成 28 年 1 月 22 日までにご返送いただきますようお願い申し上げます。

　　調査についてご不明な点がございましたら下記の連絡先までご連絡くださいますようよろしくお願いします。

　　　＜連絡先＞
　　　　〒599-8531　大阪府堺市中区学園町 1-1
　　　　大阪府立大学　人間社会学部社会福祉学科　准教授
　　　　　　伊　藤　嘉　余　子
　　　TEL＆FAX　072-254-9796　e-mail：tki23040@osakafu-u.ac.jp
　　　　　調査担当者名　　石田賀奈子

巻末資料　195

| 措置変更されて入所となったケースについて |

**貴施設に、他の児童福祉施設等から措置変更されて入所となったケースについて
おたずねいたします**

問1．性別

| 1．男　　　　2．女 |

問2．措置変更時の年齢

| （　　　　）歳（　　　　）か月 |

問3．障害の有無

| 1．障害がある（疑いがある場合を含む）　　2．ない |

問3-1．「ある」とお答えになった場合、あてはまるものすべてに○をおつけください。
また、もっとも大きな理由となったもの一つについて◎をおつけください。

| 1．身体虚弱　2．肢体不自由　3．視聴覚障害　4．言語障害　5．知的障害
6．てんかん　7．ADHD　8．LD　9．広汎性発達障害
10．その他の障害（　　　　　　　　　　　　　　　　　　　） |

問4．被虐待体験

| 1．ある　　　　2．ない |

問4-1．「ある」とお答えになった場合、あてはまるものすべてに○をお付けください。

| 1．身体的虐待　　2．心理的虐待　　3．性的虐待　　4．ネグレクト |

問5．貴施設入所前の児童の措置先

| 1．乳児院　2．児童養護施設　3．児童自立支援施設　4．情緒障害児短期治療施設
5．里親　6．母子生活支援施設　7．その他（　　　　　　　　　　　　　　） |

問6．児童が最初に社会的養護を必要としたときの年齢

| （　　　　）歳（　　　　）か月 |

問7．児童が最初に社会的養護を必要とした理由について、あてはまるものすべてに○を
おつけください。また、もっとも大きな理由となったもの一つについて◎をおつけください。

| 1．父の死亡　2．母の死亡　3．父の行方不明　4．母の行方不明
5．父母の離婚　6．両親の未婚　7．父母の不和　8．父の拘禁　9．母の拘禁
10．父の入院　11．母の入院　12．家族の疾病の付き添い　13．次子出産
14．父の就労　15．母の就労　16．父の精神疾患　17．母の精神疾患　18．父の放任や怠惰
19．母の放任や怠惰　20．父の虐待や酷使　21．母の虐待や酷使　22．棄児
23．経済的理由　24．児童の問題による監護困難　25．その他（　　　　　　　　） |

2

措置変更されて入所となったケースについて

問8．措置変更となった理由について、あてはまるものすべてに○をおつけください。
また、もっとも大きな理由となったもの一つについて◎をおつけください。

1．年齢超過のため　2．治療が終結したため　3．治療が必要なため
4．職員への暴力　5．児童間の暴力　6．性的な逸脱行動　7．不登校　8．精神疾患
9．知的障害　10．身体障害　11．発達障害　12．深夜徘徊　13．無断外泊
14．万引き等の問題行動　15．少年法での対応のため　16．進学のため
17．その他（　　　　　　　　　　　　　　　　　　　　　　　　　　　）

問9．措置変更に当たってどのような機関・関係者と連携を実施されましたか。また、
それぞれの関係者との連携についてどれくらい重要性をお感じになっておられますか？

	a. まったくしていない → とてもしている	b. まったく重要ではない → とても重要である
A.措置変更元の担当者（職種名：　　　　）	1 － 2 － 3 － 4	1 － 2 － 3 － 4
B.家庭児童相談室	1 － 2 － 3 － 4	1 － 2 － 3 － 4
C.母子相談員	1 － 2 － 3 － 4	1 － 2 － 3 － 4
D.児童相談所の児童福祉司	1 － 2 － 3 － 4	1 － 2 － 3 － 4
E.児童相談所の児童心理司	1 － 2 － 3 － 4	1 － 2 － 3 － 4
F.児童家庭支援センター	1 － 2 － 3 － 4	1 － 2 － 3 － 4
G.生活保護ケースワーカー	1 － 2 － 3 － 4	1 － 2 － 3 － 4
H.民生委員・児童委員	1 － 2 － 3 － 4	1 － 2 － 3 － 4
I.学校・幼稚園の教員	1 － 2 － 3 － 4	1 － 2 － 3 － 4
J.スクールソーシャルワーカー	1 － 2 － 3 － 4	1 － 2 － 3 － 4
K.スクールカウンセラー	1 － 2 － 3 － 4	1 － 2 － 3 － 4
L.医師	1 － 2 － 3 － 4	1 － 2 － 3 － 4
M.精神科の医師	1 － 2 － 3 － 4	1 － 2 － 3 － 4
N.精神保健福祉士	1 － 2 － 3 － 4	1 － 2 － 3 － 4
O.保健師	1 － 2 － 3 － 4	1 － 2 － 3 － 4
P.NPO（具体的な活動内容：　　　　）	1 － 2 － 3 － 4	1 － 2 － 3 － 4
Q.警察	1 － 2 － 3 － 4	1 － 2 － 3 － 4
R.その他	1 － 2 － 3 － 4	1 － 2 － 3 － 4

| 巻末資料 | 197 |

措置変更されて入所となったケースについて

問10．措置変更の際に配慮したのはどのようなことですか。

問10－1．以下のそれぞれの項目について、実施の状況をお答えください。また、それぞれの項目についてあなたのお考えをお聞かせください。それぞれあてはまるものに○をおつけください。

	a. まったくしていない ←→ とてもしている	b. まったく重要ではない ←→ とても重要である
A.子どもに同意を取る	1 － 2 － 3 － 4	1 － 2 － 3 － 4
B.子どもの意見を聴取する	1 － 2 － 3 － 4	1 － 2 － 3 － 4
C.子どもの自尊心を傷つけないような 　伝え方を工夫する	1 － 2 － 3 － 4	1 － 2 － 3 － 4
D.子どものきょうだい関係に配慮する	1 － 2 － 3 － 4	1 － 2 － 3 － 4
E.他児の意見を聴取する	1 － 2 － 3 － 4	1 － 2 － 3 － 4
F.他児に措置変更について説明する	1 － 2 － 3 － 4	1 － 2 － 3 － 4
G.措置変更前に担当予定の職員が 　子どもに面会にいく 　（I1.いつ頃：　　　 I2.回数：　　　回）	1 － 2 － 3 － 4	1 － 2 － 3 － 4
H.措置変更前に子どもが 　措置変更先を見学する機会をつくる 　（G1.いつ頃：　　　 G2.回数：　　　回）	1 － 2 － 3 － 4	1 － 2 － 3 － 4
I.措置変更前に子どもが措置変更先での 　宿泊を伴わない生活体験の機会をつくる 　（H1.いつ頃：　　　 H2.回数：　　　回）	1 － 2 － 3 － 4	1 － 2 － 3 － 4
J.措置変更前に 　宿泊体験をする機会をつくる 　（J1.いつ頃：　　　 J2.回数：　　　回）	1 － 2 － 3 － 4	1 － 2 － 3 － 4
K.一時保護所を利用する	1 － 2 － 3 － 4	1 － 2 － 3 － 4
L.一時保護中にケースカンファレンスを実施する	1 － 2 － 3 － 4	1 － 2 － 3 － 4
M.措置変更前に、措置変更元の担当者との 　ケースカンファレンスを実施する 　（M1.いつ頃：　　　 M2.回数：　　　回）	1 － 2 － 3 － 4	1 － 2 － 3 － 4
N.措置変更元に子どもについての情報提供を行う	1 － 2 － 3 － 4	1 － 2 － 3 － 4
O.保護者の理解を得るために面接を実施する	1 － 2 － 3 － 4	1 － 2 － 3 － 4
P.保護者の意見を聴取する	1 － 2 － 3 － 4	1 － 2 － 3 － 4
Q.保護者に対して、 　子どもの最善の利益について理解を得る	1 － 2 － 3 － 4	1 － 2 － 3 － 4

4

措置変更されて入所となったケースについて		

	まったくしていない　←　a.　→　とてもしている	まったく重要ではない　←　b.　→　とても重要である
R.保護者が物理的に 　アクセスしやすい場所への措置変更をする	1 － 2 － 3 － 4	1 － 2 － 3 － 4
S.措置変更前に保護者が 　措置変更先を見学する機会をつくる	1 － 2 － 3 － 4	1 － 2 － 3 － 4
T.児童相談所を交えての 　ケースカンファレンスを実施する 　（T1.いつ頃：　　　　T2.回数：　　　回）	1 － 2 － 3 － 4	1 － 2 － 3 － 4
U.子どもが通う学校や幼稚園を交えての 　ケースカンファレンスを実施する 　（U1.いつ頃：　　　　U2.回数：　　　回）	1 － 2 － 3 － 4	1 － 2 － 3 － 4
V.措置変更を行ったあとも 　子どもの支援について措置変更元と連携する	1 － 2 － 3 － 4	1 － 2 － 3 － 4
W.子どものアルバムを整理する	1 － 2 － 3 － 4	1 － 2 － 3 － 4
X.子どものライフストーリーをまとめる	1 － 2 － 3 － 4	1 － 2 － 3 － 4
Y.子どもの発達状況を考える	1 － 2 － 3 － 4	1 － 2 － 3 － 4

問１０－２．児童の措置変更の前に必要な準備ができましたか。あなたのお考えに最も
近いものに○をおつけください。また、その理由をご自由にご記入ください

まったくできなかった　←　　　　　　　　→　とてもできた
1 ・ 2 ・ 3 ・ 4 ・ 5 ・ 6

問１０－３．理由

巻末資料　199

措置変更されて入所となったケースについて

問11. その他、措置変更において必要に感じた支援や対策などがありましたらご自由にお考えをお聞かせください

この質問紙にお答えいただいた方についておたずねいたします

A1. あなたのお勤めの施設の施設種別をお答えください。

| 1. 乳児院　2. 児童養護施設　3. 児童自立支援施設　4. 情緒障害児短期治療施設 |
| 5. 母子生活支援施設　6. その他（　　　　　　　　） |

A2. 職種についてお答えください。

| 1. 施設長　2. 副施設長　3. 主任児童指導員　4. 児童指導員　5. 主任保育士 |
| 6. 保育士　7. 心理療法担当職員　8. 家庭支援専門相談員　9. 里親支援専門相談員 |
| 10. その他（　　　　　　　　　　） |

A3. 児童福祉施設での経験年数についてお答えください。（　　　）年（　　　）か月

A4. 現在の施設での経験年数についてお答えください。（　　　）年（　　　）か月

A5. 性別についてお答えください。　1. 男　　2. 女

A6. 年齢をお答えください。

| 1. 20〜24歳　2. 25〜29歳　3. 30〜34歳　4. 35〜39歳　5. 40〜44歳 |
| 6. 45〜49歳　7. 50〜54歳　8. 55〜59歳　9. 60〜64歳　10. その他（　　　　） |

質問は以上です。ご協力ありがとうございました。

6

措置変更で退所した児童についてのアンケート調査票

厚生労働省　平成 27 年度子ども・子育て支援推進調査研究事業
「措置変更ケースにおける支援内容や配慮事項に関する調査研究事業」
(主任研究者：伊藤嘉余子)

措置変更ケースにおける支援内容や配慮事項に関する

アンケート調査（退所児童用）

　この調査は、児童福祉施設を対象に、措置変更として他施設等へ送り出したケース及び他施設等から受け入れたケースについて、措置変更を必要とする児童の実態や措置変更施設間における連携の課題、措置変更を行うにあたって苦慮されている点などを明らかにすることを通して、措置変更ケースにおける円滑な支援プロセスを確保するために必要な事項について提言をすることを目的とするものです。本研究は、厚生労働省の平成 27 年度子ども・子育て支援推進調査研究事業「措置変更ケースにおける支援内容や配慮事項に関する調査研究事業」（主任研究者：伊藤嘉余子）の一部として行うものです。

　ご多忙の折、まことに恐縮ですが、どうか本調査研究の趣旨をご理解いただき、ご協力を賜りますようよろしくお願いいたします。

　この調査票は措置変更で退所した児童についてお答えいただくものです。該当する児童おひとりにつき 1 冊お答えいただきます。

　なお、調査の解析はコンピューターを使用してすべて統計的に処理されますので、回答者個人、施設名等が特定されたり、個人データが外部に漏れたりすることはございません。調査結果につきましても、プライバシーに十分配慮し、個人名、施設名等は一切公表いたしません。

　お忙しいところ恐縮ですが、ご記入済みの調査票は同封の封筒に入れて厳封していただき、平成 28 年 1 月 15 日までにご返送いただきますようお願い申し上げます。

　調査についてご不明な点がございましたら下記の連絡先までご連絡くださいますようよろしくお願いします。

＜連絡先＞
〒599-8531　大阪府堺市中区学園町 1-1
大阪府立大学　人間社会学部社会福祉学科　准教授
伊藤　嘉余子
TEL＆FAX　072-254-9796　e-mail: tki23040@osakafu-u.ac.jp
調査担当者名　　石田賀奈子

巻末資料　　201

措置変更され退所となったケースについて

貴施設から、他の児童福祉施設等に措置変更され退所となったケースについて
おたずねいたします

問1-1．性別

1．男	2．女

問1-2．貴施設退所後の児童の措置変更先をお選びください。

1．児童養護施設　2．児童自立支援施設　3．情緒障害児短期治療施設　4．里親
5．母子生活支援施設　6．ファミリーホーム　7．その他（　　　　　　　　　　）

問2．入所理由について、あてはまるものすべてに〇をおつけください。また、もっとも
大きな理由となったもの一つについて◎をおつけください。

1．父の死亡　2．母の死亡　3．父の行方不明　4．母の行方不明　5．父母の離婚
6．両親の未婚　7．父母の不和　8．父の拘禁　9．母の拘禁　10．父の入院
11．母の入院　12．家族の疾病の付き添い　13．次子出産　14．父の就労　15．母の就労
16．父の精神疾患　17．母の精神疾患　18．父の放任や怠惰　19．母の放任や怠惰
20．父の虐待や酷使　21．母の虐待や酷使　22．棄児　23．経済的理由
24．児童の問題による監護困難　25．その他（　　　　　　　　　　）

問3．入所期間

（　　　）年（　　　）か月

問4．措置変更時の年齢

（　　　）歳（　　　）か月

問5．障害の有無

1．障害がある（疑いがある場合を含む）　　2．ない

問5-1．「ある」とお答えになった場合、あてはまるものすべてに〇をおつけください。
また、もっとも大きな理由となったもの一つについて◎をおつけください。

1．身体虚弱　2．肢体不自由　3．視聴覚障害　4．言語障害　5．知的障害
6．てんかん　7．ADHD　8．LD　9．広汎性発達障害
10．その他の障害（　　　　　　　　　　　　　　　　）

問6．被虐待体験

1．ある	2．ない

問6-1．「ある」とお答えになった場合、あてはまるものすべてに〇をお付けください。

1．身体的虐待　　2．心理的虐待　　3．性的虐待　　4．ネグレクト

問7．貴施設入所前の児童福祉施設入所歴

1．ある	2．ない

問7-1．「ある」とお答えになった場合、あてはまるものすべてに〇をおつけください。

1．乳児院（　）か所　2．児童養護施設（　）か所　3．児童自立支援施設（　）か所
4．情緒障害児短期治療施設（　）か所　5．里親（　）家庭
6．母子生活支援施設（　）か所　7．その他（　　　　　　　　　　）

2

措置変更され退所となったケースについて

問8. 措置変更が必要と判断された理由について、あてはまるものすべてに〇をおつけ
ください。また、もっとも大きな理由となったもの一つについて◎をおつけください。

1. 養子縁組のため　2. 家庭的な養育環境が必要と考えられたため
3. 年齢超過のため　4. 治療が終結したため　5. 職員への暴力　6. 児童間の暴力
7. 性的な逸脱行動　8. 不登校　9. 精神疾患　10. 知的障害　11. 身体障害
12. 発達障害　13. 深夜徘徊　14. 無断外泊　15. 万引き等の問題行動
16. 少年法での対応のため　17. 進学のため
18. その他（　　　　　　　　　　　　　　　　　　　　　　　　　　　）

問9. 措置変更に当たって連携した機関
問9－1. どのような関係者と、連携を実施されましたか。また、それぞれの関係者との
連携についてどれくらい重要性をお感じになっておられますか？

	a.　まったくしていない ↔ とてもしている	b.　まったく重要ではない ↔ とても重要である
A. 措置変更先の担当者（職種名：　　　　　）	1 － 2 － 3 － 4	1 － 2 － 3 － 4
B. 家庭児童相談室	1 － 2 － 3 － 4	1 － 2 － 3 － 4
C. 母子相談員	1 － 2 － 3 － 4	1 － 2 － 3 － 4
D. 児童相談所の児童福祉司	1 － 2 － 3 － 4	1 － 2 － 3 － 4
E. 児童相談所の児童心理司	1 － 2 － 3 － 4	1 － 2 － 3 － 4
F. 児童家庭支援センター	1 － 2 － 3 － 4	1 － 2 － 3 － 4
G. 生活保護ケースワーカー	1 － 2 － 3 － 4	1 － 2 － 3 － 4
H. 民生委員・児童委員	1 － 2 － 3 － 4	1 － 2 － 3 － 4
I. 学校・幼稚園の教員	1 － 2 － 3 － 4	1 － 2 － 3 － 4
J. スクールソーシャルワーカー	1 － 2 － 3 － 4	1 － 2 － 3 － 4
K. スクールカウンセラー	1 － 2 － 3 － 4	1 － 2 － 3 － 4
L. 医師	1 － 2 － 3 － 4	1 － 2 － 3 － 4
M. 精神科の医師	1 － 2 － 3 － 4	1 － 2 － 3 － 4
N. 精神保健福祉士	1 － 2 － 3 － 4	1 － 2 － 3 － 4
O. 保健師	1 － 2 － 3 － 4	1 － 2 － 3 － 4
P. NPO（具体的な活動内容：　　　　）	1 － 2 － 3 － 4	1 － 2 － 3 － 4
Q. 警察	1 － 2 － 3 － 4	1 － 2 － 3 － 4
R. その他	1 － 2 － 3 － 4	1 － 2 － 3 － 4

巻末資料　203

措置変更され退所となったケースについて

問９－２. 措置変更時の連携の実際や、措置変更においてお感じになったことがあれば
ご自由にお考えをお聞かせください。

問１０. 措置変更の際に配慮された事柄についておたずねいたします。

問１０－１. 以下のそれぞれの項目について、実施の状況をお答えください。また、それ
ぞれの項目についてあなたのお考えをお聞かせください。それぞれあてはまるものに〇を
おつけください。

	a. まったくしていない ←→ とてもしている	b. まったく重要ではない ←→ とても重要である
A. 子どもに同意を取る	1 － 2 － 3 － 4	1 － 2 － 3 － 4
B. 子どもの意見を聴取する	1 － 2 － 3 － 4	1 － 2 － 3 － 4
C. 子どもの自尊心を傷つけないような　伝え方を工夫する	1 － 2 － 3 － 4	1 － 2 － 3 － 4
D. 子どものきょうだい関係に配慮する	1 － 2 － 3 － 4	1 － 2 － 3 － 4
E. 他児の意見を聴取する	1 － 2 － 3 － 4	1 － 2 － 3 － 4
F. 他児に措置変更について説明する	1 － 2 － 3 － 4	1 － 2 － 3 － 4
G. 措置変更前に措置変更先の担当者が　子どもに面会にくる　（I1. いつ頃：　　I2. 回数：　　回）	1 － 2 － 3 － 4	1 － 2 － 3 － 4
H. 措置変更前に子どもが　措置変更先を見学する機会をつくる　（G1. いつ頃：　　G2. 回数：　　回）	1 － 2 － 3 － 4	1 － 2 － 3 － 4
I. 措置変更前に子どもが措置変更先での　宿泊を伴わない生活体験の機会をつくる　（H1. いつ頃：　　H2. 回数：　　回）	1 － 2 － 3 － 4	1 － 2 － 3 － 4
J. 措置変更先での宿泊体験をする機会をつくる　（J1. いつ頃：　　J2. 回数：　　回）	1 － 2 － 3 － 4	1 － 2 － 3 － 4
K. 一時保護所を利用する	1 － 2 － 3 － 4	1 － 2 － 3 － 4
L. 一時保護中にケースカンファレンスを実施する	1 － 2 － 3 － 4	1 － 2 － 3 － 4

4

	a. まったくしていない ←→ とてもしている	b. まったく重要ではない ←→ とても重要である
M. 措置変更前に、措置変更先の担当者との ケースカンファレンスを実施する （M1. いつ頃： 　　M2. 回数： 回）	1 - 2 - 3 - 4	1 - 2 - 3 - 4
N. 措置変更先に子どもについての情報提供を行う	1 - 2 - 3 - 4	1 - 2 - 3 - 4
O. 保護者の理解を得るために面接を実施する	1 - 2 - 3 - 4	1 - 2 - 3 - 4
P. 保護者の意見を聴取する	1 - 2 - 3 - 4	1 - 2 - 3 - 4
Q. 保護者に対して、 子どもの最善の利益について理解を得る	1 - 2 - 3 - 4	1 - 2 - 3 - 4
R. 保護者が物理的に アクセスしやすい場所への措置変更をする	1 - 2 - 3 - 4	1 - 2 - 3 - 4
S. 措置変更前に保護者が 措置変更先を見学する機会をつくる	1 - 2 - 3 - 4	1 - 2 - 3 - 4
T. 児童相談所を交えての ケースカンファレンスを実施する （T1. いつ頃： 　　T2. 回数： 回）	1 - 2 - 3 - 4	1 - 2 - 3 - 4
U. 子どもが通う学校や幼稚園を交えての ケースカンファレンスを実施する （U1. いつ頃： 　　U2. 回数： 回）	1 - 2 - 3 - 4	1 - 2 - 3 - 4
V. 措置変更を行ったあとも 子どもの支援について措置変更先と連携する	1 - 2 - 3 - 4	1 - 2 - 3 - 4
W. 子どものアルバムを整理する	1 - 2 - 3 - 4	1 - 2 - 3 - 4
X. 子どものライフストーリーをまとめる	1 - 2 - 3 - 4	1 - 2 - 3 - 4
Y. 子どもの発達状況を考える	1 - 2 - 3 - 4	1 - 2 - 3 - 4

問１０－２．児童の措置変更の前に必要な準備ができましたか。あなたのお考えに最も
近いものに〇をおつけください。また、その理由をご自由にご記入ください。

まったくできなかった ←→ とてもできた
1 ・ 2 ・ 3 ・ 4 ・ 5 ・ 6

問１０－３．理由

巻末資料　　205

措置変更され退所となったケースについて

問11．その他、措置変更において必要に感じた支援や対策などがありましたらご自由にお考えをお聞かせください

この質問紙にお答えいただいた方についておたずねいたします

Ａ１．あなたのお勤めの施設の施設種別をお答えください。

1．乳児院　　2．児童養護施設　　3．児童自立支援施設　　4．情緒障害児短期治療施設
5．母子生活支援施設　　6．その他（　　　　　　　　　）

Ａ２．職種についてお答えください。

1．施設長　　2．副施設長　　3．主任児童指導員　4．児童指導員　　5．主任保育士
6．保育士　　7．心理療法担当職員　　8．家庭支援専門相談員　　9．里親支援専門相談員
10．その他（　　　　　　　　　　　　　）

Ａ３．児童福祉施設での経験年数についてお答えください。　（　　　）年（　　　）か月

Ａ４．現在の施設での経験年数についてお答えください。　（　　　）年（　　　）か月

Ａ５．性別についてお答えください。　　　1．男　　　　2．女

Ａ６．年齢をお答えください。

1．20〜24歳　　2．25〜29歳　　3．30〜34歳　　4．35〜39歳　　5．40〜44歳
6．45〜49歳　　7．50〜54歳　　8．55〜59歳　　9．60〜64歳　　10．その他（　　　）

質問は以上です。ご協力ありがとうございました。

6

施設インタビューガイド

平成 27 年度　子ども・子育て支援推進調査研究事業
「措置変更ケースにおける支援内容や配慮事項に関する調査研究事業」
施設インタビューガイド
（養護・情短施設・児童自立・母子　共通版）
****

1. 2014・2013 年度、措置変更として他施設/里親家庭へ送り出したケースについてお聞かせ下さい。

○貴施設から　（　　　　　　　　　　　　　　）へ

　措置変更理由

○措置変更となった子どもの情報

　年齢（　　　　　）歳　　性別（　　　　　）

　就学状況（例：欠席が多い、支援学級利用等）

　本人の健康状態（障害の有無、疾病、アレルギーの有無など）

　家族の状況（家族構成、就労状況、病歴など）

　他の施設の入所歴

○措置変更にあたっての事前説明：**苦慮したこと/工夫したこと**を含めてお聞かせ下さい。

　本人への説明と様子

　他児への説明と様子

　家族への説明と様子

○措置変更前における、措置変更先施設とのやりとり、連携状況

○措置変更後における、変更先施設とのやりとり、連携状況

○措置変更後における、当該児童とのやりとり、かかわり等

○その他、印象に残っていること、この事例からの学びや気づき等

2. 2014・2013 年度、措置変更として他施設/里親家庭から引き受けたケースについてお聞かせ下さい。

○（　　　　　　　　　　　　　　）から貴施設へ

　措置変更理由

○措置変更となった子どもの情報

　年齢（　　　　　）歳　　性別（　　　　　）

　就学状況（例：欠席が多い、支援学級利用等）

　本人の健康状態（障害の有無、疾病、アレルギーの有無など）

　家族の状況（家族構成、就労状況、病歴など）

　他の施設の入所歴

　措置変更当初の子どもの様子

○措置変更にあたっての事前説明：**苦慮したこと/工夫したこと**を含めてお聞かせ下さい。

　本人への説明と様子

　他児への説明と様子

　家族への説明と様子

○**措置変更直前・直後のアドミッションケアで特に配慮したこと**

○措置変更前における、措置変更前の施設とのやりとり、連携状況

○措置変更後における、変更前の施設とのやりとり、連携状況

○その他、印象に残っていること、この事例からの学びや気づき等

平成 27 年度　子ども・子育て支援推進調査研究事業
「措置変更ケースにおける支援内容や配慮事項に関する調査研究事業」
インタビューガイド（乳児院版）
****

1. 2014・2013 年度、措置変更として他施設/里親家庭へ送り出したケースについてお聞かせ下さい。

○貴施設から　（　　　　　　　　　　　　　　）へ

措置変更理由

○措置変更となった子どもの情報

　年齢　（　　　　　　　）歳　　性別　（　　　　　　　）

　本人の健康状態　（障害の有無、疾病、アレルギーの有無など）

　家族の状況　（家族構成、就労状況、病歴など）

○措置変更にあたっての事前説明：苦慮したこと/工夫したことを含めてお聞かせ下さい。

　本人への説明と様子

　他児への説明と様子

　家族への説明と様子

○措置変更前における、変更先施設とのやりとり、連携状況

○措置変更後における、変更先施設とのやりとり、連携状況

○措置変更後における、当該児童とのやりとり、かかわり等

○その他、印象に残っていること、この事例からの学びや気づき等

2. 2014・2013 年度、措置変更として他施設/里親家庭から引き受けたケースについてお聞かせ下さい。

○（　　　　　　　　　　　　　　　）から貴施設へ

　措置変更理由

○措置変更となった子どもの情報

　年齢（　　　　）歳　　性別（　　　　　）

　本人の健康状態（障害の有無、疾病、アレルギーの有無など）

　家族の状況（家族構成、就労状況、病歴など）

○措置変更にあたっての事前説明：苦慮したこと/工夫したことを含めてお聞かせ下さい。

　本人への説明と様子

　他児への説明と様子

　家族への説明と様子

○**措置変更直前・直後のアドミッションケアで特に配慮したこと**

○措置変更前の施設・里親家庭とのやりとり、連携状況

○措置変更後の前いた施設・里親家庭とのやりとり、連携状況

○その他、印象に残っていること、この事例からの学びや気づき等

平成 27 年度 子ども・子育て支援推進調査研究事業
「措置変更ケースにおける支援内容や配慮事項に関する調査研究事業」
インタビューガイド（里親版）
****

1. 過去に、措置変更として他施設へ送り出したケースについてお聞かせ下さい。

○里親家庭から（　　　　　　　　　　　）へ（　　　　　　）年

　措置変更理由

○措置変更となった子どもの情報

　年齢（　　　　）歳　性別（　　　　　）

　就学状況

　本人の健康状態

　家族の状況

○措置変更にあたっての事前説明：苦慮したこと/工夫したことを含めてお聞かせ下さい。

　本人への説明と様子

　家族への説明と様子

○措置変更先施設とのやりとり、連携状況

○措置変更後の施設とのやりとり、連携状況

○その他、印象に残っていること、この事例からの学びや気づき等

2. 過去に、措置変更として他施設から引き受けたケースについてお聞かせ下さい。

○ （　　　　　　　　　　　　　　　）から貴里親家庭へ　（　　　　）年

　措置変更理由

○措置変更となった子どもの情報

　年齢　（　　　　　）歳　　性別　（　　　　　）

　就学状況

　本人の健康状態

　家族の状況

○措置変更にあたっての事前説明：苦慮したこと/工夫したことを含めてお聞かせ下さい。

　本人への説明と様子

　家族への説明と様子

○措置変更直前・直後のアドミッションケアで特に配慮したこと

○措置変更元施設・里親家庭とのやりとり、連携状況

○措置変更後の元いた施設・里親家庭とのやりとり、連携状況

○その他、印象に残っていること、この事例からの学びや気づき等

執筆者一覧 （カッコ内は担当）

[編著者]
伊藤嘉余子（第1章、第3章、第5章2節、3節、6節）
　　大阪府立大学地域保健学域教授

[執筆者]
野口　啓示（第2章、第5章1節、4節、コラム⑤）
　　福山市立大学准教授
石田賀奈子（第2章）
　　立命館大学准教授
千賀　則史（第4章、第5章5節、コラム③）
　　名古屋大学ハラスメントセンター講師
福田　公教（第4章）
　　関西大学准教授
久保　樹里（コラム①）
　　大阪歯科大学講師
六川　徳子（コラム②）
　　乳児院ガーデンエル家庭支援専門相談員
梅原　啓次（コラム④）
　　大阪市里親会会長（専門里親）

〈編著者略歴〉

伊藤 嘉余子（いとう・かよこ）

同志社大学大学院文学研究科博士前期課程修了（修士（社会福祉学））
日本社会事業大学大学院社会福祉学研究科博士後期課程修了（博士（社会福祉学））
福島学院大学講師、埼玉大学准教授等を経て、現在、大阪府立大学地域保健学域教育福祉学類／大学院人間社会システム科学研究科教授。専門は、子ども家庭福祉、社会的養護。

〈主な著書〉

『児童養護施設におけるレジデンシャルワーク』（単著、明石書店、2007年）
『子どもと社会の未来を拓く：相談援助』（単著、青踏社、2013年）
『子どもと社会の未来を拓く：保育相談支援』（単著、青踏社、2013年）
『児童福祉：子ども家庭福祉と保育者』（共編著、樹村房、2009年）
『アメリカの子ども保護の歴史』（共訳、明石書店、2011年）

社会的養護の子どもと措置変更
──養育の質とパーマネンシー保障から考える

2017年11月25日　初版第1刷発行

編著者	伊 藤 嘉 余 子
発行者	石 井 昭 男
発行所	株式会社明石書店

〒101-0021 東京都千代田区外神田6-9-5
電　話　03（5818）1171
ＦＡＸ　03（5818）1174
振　替　00100-7-24505
http://www.akashi.co.jp

装丁　　　明石書店デザイン室
印刷／製本　モリモト印刷株式会社

ISBN978-4-7503-4591-8

Printed in Japan　　　　　　　（定価はカバーに表示してあります）

JCOPY 〈（社）出版者著作権管理機構 委託出版物〉
本書の無断複写は著作権法上での例外を除き禁じられています。複写される場合は、そのつど事前に、（社）出版者著作権管理機構（電話 03-3513-6969、FAX 03-3513-6979、e-mail: info@jcopy.or.jp）の許諾を得てください。

子ども虐待 家族再統合に向けた心理的支援
児童相談所の現場実践からのモデル構築
千賀則史著
◎3700円

児童養護施設の子どもたちの家族再統合プロセス
子どもの行動の理解と心理的支援
菅野恵著
◎4200円

子どものための里親委託・養子縁組の支援
宮島清、林浩康、米沢普子編著
◎2400円

性的虐待を受けた子どもの施設ケア
児童福祉施設における生活・心理・医療支援
八木修司、岡本正子編著
◎2600円

精神障がいのある親に育てられた子どもの語り
困難の理解とリカバリーへの支援
横山恵子、蔭山正子編著
◎2500円

児童相談所改革と協働の道のり
子どもの権利を中心とした福岡市モデル
藤林武史編著
◎2400円

子ども虐待対応におけるサインズ・オブ・セーフティ・アプローチ実践ガイド
子どもの安全(セーフティ)を家族とつくる道すじ
菱川愛、渡邉直、鈴木浩之編著
◎2800円

「三つの家」を活用した子ども虐待のアセスメントとプランニング
ニキ・ウェルド、ソニア・パーカー、井上直美編著
◎2800円

子ども・家族支援に役立つ面接の技とコツ
〈仕掛ける・さぐる・引き出す・支える・紡ぐ〉児童福祉臨床
宮井研治編
◎2200円

子ども・家族支援に役立つアセスメントの技とコツ
よりよい臨床のための4つの視点、8つの流儀
川畑隆編著
◎2200円

発達相談と新版K式発達検査
子ども・家族支援に役立つ知恵と工夫
大島剛、川畑隆、伏見真里子、笹川宏樹、梁川惠、衣斐哲臣、菅野道英、宮井研治、大谷多加志、井口絹世、長嶋宏美著
◎2400円

むずかしい子を育てるペアレント・トレーニング
親子に笑顔がもどる10の方法
野口啓示著　のぐちふみこイラスト
◎1600円

里親家庭・ステップファミリー・施設で暮らす子どもの回復・自立へのアプローチ
中途養育の支援の基本と子どもの理解
津崎哲郎著
◎2000円

外国人の子ども白書
権利・貧困・教育・文化・国籍と共生の視点から
荒牧重人、榎井縁、江原裕美、小島祥美、志水宏吉、南野奈津子、宮島喬、山野良一編
◎2500円

子どもの貧困白書
子どもの貧困白書編集委員会編
◎2800円

子どもの貧困対策と教育支援
より良い政策・連携・協働のために
末冨芳編著
◎2600円

〈価格は本体価格です〉

児童相談所一時保護所の子どもと支援
子どもへのケアから行政評価まで
和田一郎編著
◎2800円

ネグレクトされた子どもへの支援
理解と対応のハンドブック
安部計彦、加藤曜子、三上邦彦編著
◎2600円

周産期からの子ども虐待予防・ケア
保健・医療・福祉の連携と支援体制
中板育美著
◎2200円

子ども虐待の画像診断
エビデンスに基づく医学診断と調査・捜査のために
ポール・K・クラインマン編
小熊栄二監修
溝口史剛監訳
◎30000円

ライフストーリーワーク入門
社会的養護への導入・展開がわかる実践ガイド
山本智佳央、楢原真也、徳永祥子、平田修三編著
◎2200円

性の問題行動をもつ子どものためのワークブック
発達障害・知的障害のある児童・青年の理解と支援
宮口幸治、川上ちひろ著
◎2000円

性問題行動のある知的・発達障害児者の支援ガイド
性暴力被害とわたしの被害者を理解するワークブック
本多隆司、伊庭千惠著
◎2200円

日本の児童虐待防止・法的対応資料集成
児童虐待に関する法令・判例・法学研究の動向
吉田恒雄編著
◎20000円

子ども虐待在宅ケースの家族支援
「家族維持」を目的とした援助の実態分析
畠山由佳子著
◎4600円

虐待する親への支援と家族再統合
親と子の成長発達を促す「CRC親子プログラムふぁり」の実践
宮口智恵、河合克子著
◎2000円

児童相談所70年の歴史と児童相談
"歴史の希望としての児童"の支援の探究
加藤俊二著
◎2800円

GHQ「児童福祉総合政策構想」と児童福祉法
児童福祉政策における行政間連携の歴史的課題
駒崎道著
◎5500円

やさしくわかる社会的養護シリーズ(全7巻)
相澤仁責任編集
◎各巻2400円

子どもと福祉
『子どもと福祉』編集委員会編集
児童福祉、児童養護、児童相談の専門誌
【年1回刊】
◎1700円

そだちと臨床
『そだちと臨床』編集委員会編集
児童福祉の現場で役立つ実践的専門誌
◎1600円

里親と子ども
『里親と子ども』編集委員会編集
里親制度里親養育とその関連領域に関する専門誌
◎1500円

〈価格は本体価格です〉

子どもの権利ガイドブック【第2版】

日本弁護士連合会子どもの権利委員会 編著

■A5判／並製／576頁 ◎3600円

子どもの権利について網羅した唯一のガイドブック。教育基本法、少年法、児童福祉法、児童虐待防止法等の法改正、さらに、新しく制定されたいじめ防止対策推進法にも対応した待望の第2版。専門家、支援者だけでなく、子どもに関わるるすべての人のために――。

●内容構成●

子どもの権利に関する基本的な考え方

各論

1 いじめ／2 不登校／3 学校における懲戒処分／4 体罰・暴力／5 学校事故（学校災害・スポーツ災害／6 教育情報の公開・開示／7 障害のある子どもの権利――学校生活をめぐって／8 児童虐待／9 少年事件（捜査・審判・公判）／10 犯罪被害を受けた子ども／11 社会的養護と子どもの権利／12 少年院・少年刑務所と子どもの権利／13 外国人の子どもの権利／14 子どもの貧困

資料

子どもの虐待防止・法的実務マニュアル【第6版】

日本弁護士連合会子どもの権利委員会 編

■B5判／並製／368頁 ◎3000円

2016年に大幅に改正された児童福祉法と2017年のいわゆる28条審判における家庭裁判所の関与拡大に対応した待望の第6版。法律家だけでなく、児童相談所や市町村児童家庭相談窓口、NPO関係者等、子どもの虐待防止に取り組むすべての専門家の必携書。

●内容構成●

はじめに～第6版刊行にあたって～
（日本弁護士連合会子どもの権利委員会委員長：須納瀬学）

第1章 児童虐待アウトライン
第2章 虐待防止と民事上の対応
第3章 児童福祉行政機関による法的手続
第4章 ケースから学ぶ法的対応
第5章 児童虐待と機関連携
第6章 児童虐待と刑事事件
第7章 その他の諸問題

書式集

〈価格は本体価格です〉